Schliwski | Nahostkonflikt. 100 Seiten

CARSTEN SCHLIWSKI, geb. 1970, ist ist wissenschaftlicher Mitarbeiter am Thomas-Institut der Universität zu Köln und Lehrbeauftragter für jüdische und islamische Religionsgeschichte am Seminar der Evangelischen Theologie der Bergischen Universität Wuppertal. Bei Reclam erschien zuletzt seine *Geschichte des Staates Israel.*

Carsten Schliwski

Nahostkonflikt. 100 Seiten

RECLAM

Sonderausgabe für die Landeszentralen für politische Bildung

2023, 2024 Philipp Reclam jun. Verlag GmbH,
Siemensstraße 32, 71254 Ditzingen
Bildnachweis: S. 12, 53, 59, 75: Wikimedia Commons; S. 15: mr-kartographie; S. 19: Wikimedia Commons / US Air Force; S. 27: Wikimedia Commons / Bibliotheca Alexandrina; S. 32: Wikimedia Commons / Ramy Raoof; S. 37: Wikimedia Commons / Rudi Weissenstein; S. 41: Wikimedia Commons / Hoheit; S. 43: Wikimedia Commons / CIA; S. 46: Wikimedia Commons / Vince Musi / The White House; S. 81: ullstein bild – Claude Jacoby; Autorenfoto: © Lennart Mehrwald
Umschlagmaterial: Creative Print, Schabert
Druck und Bindung: Esser printSolutions GmbH,
Untere Sonnenstraße 5, 84030 Ergolding
Printed in Germany 2024

Inhalt

Warum es sich lohnt, über den Nahostkonflikt Bescheid zu wissen

Am 7. Oktober 2023 wurde in Israel Simchat Torah begangen, das den Abschluss des Laubhüttenfestes darstellt. In dieser allgemeinen Feiertagsstimmung griff die Hamas zusammen mit anderen militanten Gruppen vom Gazastreifen aus mit mehreren tausend Raketen Israel an. Diese Attacke, die gegen 6:30 Uhr Ortszeit begann, wurde begleitet von dem Eindringen Hunderter von Terroristen (die Quellen sprechen von bis zu 1500 Bewaffneten) nach Israel. Die Grenze zu Israel wurde einfach überrannt. Die Terroristen griffen Sicherheitskräfte und vor allem Zivilist*innen an und nahmen grenznahe Ortschaften ein. Regierung, Militär und Geheimdienst wurden von dem Angriff überrascht, es dauerte Stunden, bis Sicherheitskräfte in entsprechender Stärke vor Ort waren und damit beginnen konnten, die Menschen zu retten, die sich in den von den Terroristen eingenommenen Orten versteckt hielten oder als Geiseln genommen wurden. Erst nach zwei Tagen waren diese Kämpfe weitgehend beendet. Zeitgleich griff die israelische Armee Infrastrukturen der Hamas in Gaza mit Raketen an und versuchte, dorthin verschleppte Geiseln zu lokalisieren und zu befreien. Am 27. Oktober begann eine israelische Bodenoffensive, die trotz einer zwischenzeitlichen Waffenruhe bis heute andauert. Nach Angaben israelischer Behörden im Dezember forderten die Angriffe der Hamas 1139 Menschenleben: 766 israelische und ausländische Zivilist*innen und 373 Angehörige der Sicherheitskräfte, allein auf einem Musikfestival in Re'im wurden über 350 Menschen ermordet. Dazu kamen Vergewaltigungen, Folterungen und Geiselnahmen, wobei mindestens 250 Menschen in den Gazastreifen verschleppt worden waren, von denen sich bis Ende Februar 2024 noch mindestens 130 dort befinden – ob lebend oder tot, ist nicht bekannt. Nach Angaben der palästinensischen Behörden im Gazastreifen (die von der Hamas kontrolliert werden) kamen bis Ende Februar 2024 ungefähr 30 000 Palästinenser*innen ums Leben.

Es ist also mal wieder Krieg in Israel, allerdings kein Krieg, wie man ihn in der Vergangenheit kannte, nämlich der einer Armee gegen eine oder mehrere andere, sondern gegen eine Terrororganisation, die sich an keine Regeln einer zivilisierten Gesellschaft hält und die vor allem vom Iran protegiert wird, dem daran gelegen ist, eine Normalisierung des Verhältnisses zwischen Israel und seinen arabischen Nachbarn zu verhindern.

Dabei ist der Iran mit seinem Streben nach der Vorherrschaft im Nahen Osten ist ein wichtiger Faktor für Unruhe in der Region und in der Welt (sowohl er als auch die von ihm unterstützten Huthi-Milizen im Jemen beteiligen sich militärisch am Konflikt), obwohl er selber ebenso wenig zur Ruhe kommt. Seit September 2022, nach dem Tod von Jina Mahsa Amini, die wegen eines nicht korrekt getragenen Kopftuchs verhaftet worden war, kommt es immer wieder zu Protesten gegen die dort Herrschenden. Auch die Bürgerkriege in Syrien (dort unter starker Beteiligung Russlands) und im Jemen (letztlich ein Stellvertreterkrieg zwischen Saudi-Arabien und dem Iran) dauern weiterhin an. Zudem stammt ein großer Teil der Flüchtlinge, die derzeit nach Europa kommen, aus dieser Region. Das heißt, der Nahe Osten betrifft uns mittel- und unmittelbar, zudem interessiert er uns. Die Onlineforen der deutschen Zeitungen finden bei nahöstlichen Themen regen Zulauf, auch der Büchermarkt in Deutschland weist nicht gerade wenige Werke auf, die sich mit dieser Region beschäftigen. Böse Zungen könnten behaupten, dass zum Nahen Osten bereits alles gesagt sei, wenn auch noch nicht von jedem. Damit kommen wir zu einem anderen Aspekt dieser vielen Beiträge und Analysen: Natürlich gibt es darunter einige von Experten verfasste Schriften, die sich um eine objektive Darstellung bemühen, allerdings finden sich auch viele Beispiele einer ›meinungsstarken‹ Behandlung des Themas, die sich nicht von Faktenwissen beirren lässt.

Gerade in Bezug auf den Nahen Osten kursieren Schlagwörter und Klischees, die zwar einiges über die Weltsicht derjenigen, die sie formulieren, aussagen, aber wenig über die Verhältnisse in der Region: Auf der einen Seite gibt es die, die nicht nur die islamische Partei in diesem Konflikt in Bausch und Bogen verdammen, sondern auch den Muslim*innen absprechen, Teil der zivilisierten Welt zu sein (um es einmal sehr zurückhaltend auszudrücken). Auf der anderen Seite stehen die, für die der Staat Israel das größte Übel der Welt ist (auch hier wieder eher vorsichtig ausgedrückt), ohne das der Nahe Osten ein Ort des Friedens und der Harmonie wäre. Es gibt immer wieder die Tendenz, einen Schuldigen zu suchen, für Differenzierung ist im Allgemeinen wenig Raum.

Wer sich allerdings nicht mit solch einfachen Antworten begnügen möchte, für den ist dieses Buch bestimmt. Mein Ziel ist es, einen knappen ersten Einblick in die Probleme des Nahostkonflikts zu bieten, wobei ich den Anspruch erhebe, die Darstellung an Fakten und nicht an meiner persönlichen Meinung zum Thema auszurichten – ob mir das am Ende gelungen sein wird, müssen und können natürlich nur die Leser*innen beurteilen, die dieses Buch dazu angeregt hat, sich weitergehend zu informieren.

Wenn in diesem Buch vom Nahen Osten die Rede ist, so ist die in Deutschland gängige Bedeutung gemeint: Dieser Nahe Osten umfasst die arabischen Staaten Vorderasiens (die Staaten auf der arabischen Halbinsel sowie Syrien, Libanon, Jordanien, Irak und Palästina, wobei dessen Staatlichkeit umstritten ist) sowie Ägypten, dazu die nichtarabischen Staaten Israel, Iran und Türkei. Allerdings sollen auch andere arabische Staaten Nordafrikas Erwähnung finden, wenn dortige Entwicklungen den gesamten nahöstlichen Raum beeinflusst haben.

Wir haben es in dieser Region mit einem der ältesten Kulturgebiete zu tun, das als Fruchtbarer Halbmond bekannt ist und dessen Geschichte und Zivilisation die spätere Welt maßgeblich geprägt haben. Die heute bei uns gängige lateinische Schrift geht auf Alphabete zurück, die in dieser Gegend entwickelt wurden. Auch die drei großen monotheistischen Religionen Judentum, Christentum und Islam haben ihren gemeinsamen Ursprung dort. Zugleich war dieses Gebiet auch immer Ziel von Zuwanderungen und Eroberungen. Von den Kämpfen der ersten Stadt- und Flächenstaaten untereinander bis hin zu Auseinandersetzungen mit fremden Eroberern – seien es Griechen, Römer, Mongolen oder Türken – reichen die kriegerischen Konflikte. Zugleich war die Region in vielen Epochen von einer kulturellen Blüte geprägt: Die muslimische Kultur des Mittelalters entdeckte beispielsweise das antike Erbe Griechenlands für sich und entwickelte es weiter, wodurch sie auch das christliche Abendland prägte und bereicherte.

Da aber das Thema dieses Buches nicht der Nahe Osten im Allgemeinen, sondern der Nahostkonflikt im Speziellen ist, soll es darin nicht um die Höhe- und Tiefpunkte in der langen Geschichte der Region gehen, sondern um die Ereignisse vom Ende des Ersten Weltkrieges bis heute. Die Auflösung des Osmanischen Reiches setzte eine Entwicklung in Gang, deren Ursprünge zwar bereits im 19. Jahrhundert anzusetzen sind, die aber erst durch die Neuordnung des geographischen und politischen Raumes Wirklichkeit werden konnte. Letztlich lassen sich drei Faktoren finden, die den Nahen Osten seit dem Ersten Weltkrieg entscheidend geprägt haben:

Erstens der Einfluss auswärtiger Mächte: Zunächst einmal wirkten Großbritannien und Frankreich in der Region als Kolonial- und Mandatsmächte des Völkerbundes und später teilweise als Treuhänder der UNO bis in die 1950er Jahre. Abgelöst wurden sie in der Zeit des Kalten Krieges von den USA und der UDSSR, die im Nahen Osten ihre jeweiligen Interessen durchzusetzen hofften und sich dort auch Stellvertreterkriege lieferten. Nach dem Ende dieses Konfliktes zu Beginn der 1990er Jahre änderte sich die Konstellation in der Region: Während die USA ein wichtiger Faktor blieben, musste sich Russland als Nachfolger der Sowjetunion dort erst einmal wieder als Akteur etablieren. Das gelang ihm vor allem im Rahmen des syrischen Bürgerkrieges. Neu im Spiel ist die Volksrepublik China, die in den letzten Jahren als Wirtschaftspartner und Waffenlieferant immer bedeutender wurde. Dagegen ist der Einfluss Europas zwar wirtschaftlich nicht unwichtig, politisch allerdings eher marginal.

Zweitens der Nationalismus: Die Nationalgedanke kam in der arabischen Welt im 19. Jahrhundert auf und hat sich seitdem in zwei Richtungen entwickelt: zum einen zum Panarabismus, der die Einigung aller Araber*innen in einem Staatswesen fordert, zum anderen aber auch zu nationalistischen Strömungen innerhalb der arabischen Staaten, die immer wieder um die Vorherrschaft innerhalb des arabischen Lagers gerungen haben. Zudem konnte sich 1948 mit Israel ein Staat etablieren, der die muslimische Welt vor neue Herausforderungen stellte und immer noch stellt. Außerdem sorgen die Ambitionen der Türkei und des Iran in der Region für Konfliktpotential.

Drittens spielt die Religion bis heute im Nahen Osten eine wichtige Rolle: Sie definiert neben der nationalen Zugehörigkeit die unterschiedlichen gesellschaftlichen Gruppen und deren Verhältnis zueinander. Israel wird als jüdischer Staat von einigen seiner Nachbarn abgelehnt und bekämpft. Im Libanon dauert der Konflikt zwischen christlicher und muslimischer Bevölkerung an. Und die islamische Welt ist in Sunniten und Schiiten gespalten, die sich immer wieder blutige Auseinandersetzungen liefern.

Der Nahostkonflikt weist damit eine ganze Reihe von Facetten auf: Es geht nicht nur um den israelisch-arabischen Gegensatz, sondern auch um das Ringen der arabischen Staaten einerseits untereinander und andererseits im Inneren um eine stabile Ordnung. Ebenso ist von Bedeutung, wie sich die nichtarabischen muslimischen Staaten Türkei und Iran mit ihren eigenen Interessen in diese Region einbringen.

Anstatt die Ereignisse streng chronologisch nachzuzeichnen (einen knappen Überblick, auch zum besseren Verständnis der angesprochenen Ereignisse, bietet die Zeittafel auf

S. 62–66), möchte ich in diesem Buch den Schwerpunkt in der Darstellung des Konfliktes auf die drei zuvor genannten Faktoren legen: Natürlich können auf 100 Seiten nur ausgewählte Teilaspekte behandelt werden, und auch das nur sehr oberflächlich. Vielleicht werden manche Leser*innen einiges in diesem Buch vermissen und anderes als überflüssig empfinden, aber das ist nun einmal das Risiko einer Themenauswahl: Sie kann nicht allen Ansprüchen gerecht werden.

Noch ein paar Worte zum Schlusskapitel: Darin sollen die Probleme im Nahen Osten zusammengefasst, bisherige Lösungsversuche kurz erwähnt und mögliche Lösungsansätze erörtert werden. Allerdings sollten die Leser*innen in Bezug auf das dritte Ziel nicht allzu viel erwarten, denn neue Lösungen müssen zwei Bedingungen erfüllen: Sie müssen sich im Rahmen des faktisch Möglichen bewegen, und sie müssen zukünftige Entwicklungen berücksichtigen. Gerade die zweite Bedingung erscheint mir problematisch: Was die Zukunft bringen wird, kann man zwar aus bestimmten Faktoren der Vergangenheit und Gegenwart folgern, welche allerdings die entscheidenden sind, wird oftmals erst im Nachhinein deutlich. Deswegen nehme ich nicht für mich in Anspruch, irgendein Patentrezept oder eine verlässliche Prognose anzubieten.

Kleines ABC des Nahostkonflikts

- Antisemitismus: Oberbegriff für verschiedene Formen der Judenfeindlichkeit.
- Arabische Liga: Im Jahre 1945 gegründete internationale Organisation, die eine engere Zusammenarbeit der arabischen Staaten anstrebt.
- Arabischer Frühling: von 2010 bis 2014 stattfindende Proteste in den meisten arabischen Staaten, die aus der Unzufriedenheit mit der wirtschaftlichen Situation und der Herrschaft der alten Eliten entstanden und teilweise zu einem Machtwechsel geführt haben.
- Baathismus (von arab. *baath*: ›Wiedergeburt‹): Verbindung von Panarabismus und arabischem Sozialismus als Staatsideologie, entstand in den 20er Jahren des 20. Jahrhunderts und prägte seit den 60er Jahren vor allem Syrien und den Irak.
- Einstaatenkonzept: Idee, dass Israel die palästinensischen Gebiete annektiert, so dass kein Staat Palästina entsteht.
- Hadithe (arab. *hadith*: ›Erzählung‹): Sammlung von Aussprüchen des Propheten Mohammed, die zur Interpretation und Ergänzung des Koran hinzugezogen werden.
- Halachah (von hebr. *halach*: ›gehen‹): die Gesamtheit des jüdischen Rechts.
- Intifada (arab.: ›Erhebung‹): palästinensische gewaltsame Proteste gegen die israelische Besatzung von 1987 bis 1993 (Erste Intifada) und von 2000 bis 2005 (Zweite Intifada).

- Naher Osten: die Region von Ägypten bis zum Iran, von der Türkei bis zur arabischen Halbinsel.
- Nakba (arab.: ›Katastrophe‹): die Flucht und Vertreibung palästinensischer Bevölkerungsteile im Laufe des Ersten Nahostkrieges.
- Oslo-Prozess: Versuche seit den 90er Jahren, den israelisch-palästinensischen Konflikt friedlich beizulegen. Auf dieser Grundlage beruhen alle Verträge bis heute.
- Panarabismus: der Wunsch der Vereinigung aller Araber*innen in einem Staat.
- Schiiten (von arab. *schiat Ali*: ›Partei Alis‹): islamische Minderheit (ca. 15 %), die Mohammeds Schwiegersohn Ali und dessen Nachfahren als rechtmäßige Anführer der Muslime sehen.
- Sunniten (von arab. *sunna*: ›Tradition‹): Mehrheitsrichtung des Islam (ca. 85 %), die davon ausgeht, die Tradition des Propheten Muhammad zu leben.
- Wahhabiya (benannt nach ihrem Begründer Muhammad Ibn Abd al-Wahhab): sunnitische Richtung, die einen stark traditionellen Islam propagiert und vor allem in Saudi-Arabien präsent ist.
- Zionismus (von Zion = Jerusalem): das Streben nach einem jüdischen Nationalstaat seit der zweiten Hälfte des 19. Jahrhunderts.
- Zweistaatenkonzept: auf Grundlage von Verhandlungen sollen getrennte zwei Staaten nebeneinander existieren, nämlich Israel und Palästina.

Das Erbe: Das Ende des Osmanischen Reiches, der Kolonialismus und der Einfluss auswärtiger Mächte

Das Ende des Osmanischen Reiches und die Aufteilung des Nahen Ostens

Seit dem frühen 16. Jahrhundert hatte das Osmanische Reich den Nahen Osten dominiert. Seine Macht war spätestens im 19. Jahrhundert erheblich gemindert worden, nicht zuletzt durch die Aktivitäten der europäischen Großmächte, aber auch durch lokale Machthaber, die sich zwar formal dem osmanischen Herrscher unterstellt hatten, jedoch de facto eine unabhängige Politik betrieben. Ein Beispiel für ersteres ist der westliche Teil Nordafrikas, der im zweiten Drittel des 19. Jahrhunderts unter französische Herrschaft geriet; ebenso, wenn auch deutlich später, wurden die Gebiete des heutigen Libyen 1912 von Italien erobert. Ägypten hatte sich unter Muhammad Ali in der Mitte des 19. Jahrhunderts aus dem osmanischen Herrschaftsbereich gelöst, war jedoch später unter britischen Einfluss geraten. Nicht umsonst galt das Osmanische Reich bereits 75 Jahre vor seiner Auflösung als der »kranke Mann am Bosporus«. Zwar gab es Versuche, dieses Reich zu reformieren und seine Verwaltung zu modernisieren, aber auch diese Bestrebungen konnten den Zerfall nicht verhindern.

Der Erste Weltkrieg (1914–1918) stellte den letzten Akt des Endes dar. 1918 hatten britische Truppen im Nahen Osten Mesopotamien und das Heilige Land besetzt. Dazu unterstützten sie arabische Widerstandsbewegungen, die sich schon seit einiger Zeit gegen die osmanische Zentralregierung gebildet hatten. Im Vertrag von Sèvres im Jahre 1920 musste das Osmanische Reich formell auf seine Gebiete in der Levante und in Mesopotamien verzichten. Allerdings gingen die Forderungen der Entente-Mächte noch weiter: Es wurden auch Gebietsabtretungen im osmanischen Kernland verlangt, die einerseits zugunsten Griechenlands ausfallen, andererseits aber auch die Bildung eines armenischen Staates unter Einschluss ehemals osmanischer Gebiete ermöglichen sollten. Regionen, die mehrheitlich von Kurd*innen besiedelt wurden, sollten zumindest einen Autonomiestatus erhalten.

In Bezug auf Kleinasien erwiesen sich diese Forderungen als nicht durchsetzbar, nachdem das Osmanische Reich durch die türkische Republik ersetzt worden war. Der neue Staat unter Mustafa Kemal (Atatürk) sorgte mit militärischen und diplomatischen Mitteln dafür, dass sein Territorium gewahrt blieb: Griechenlands Ambitionen auf Gebiete in Kleinasien wurden abgewehrt und der Vertrag von Lausanne unterzeichnet, der die staatliche Integrität der türkischen Republik bestätigte. Zudem vereinbarten die Türkei und Griechenland einen Bevölkerungsaustausch, damit sich die Türkei zu einem ethnisch weitgehend homogenen Nationalstaat entwickeln konnte, zumal der armenische Anteil bereits im Laufe des Ersten Weltkrieges durch Massaker und Vertreibungen marginalisiert worden war.

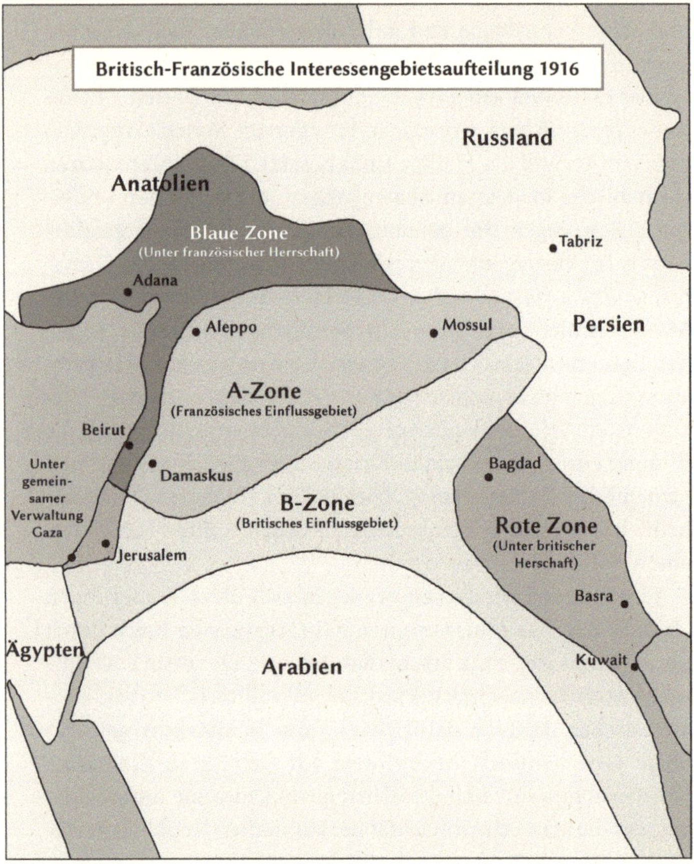

Stellvertretend für die französische und die britische Regierung handelten die Diplomaten François Georges-Picot und Mark Sykes 1915/16 das später nach ihnen benannte Sykes-Picot-Abkommen aus, in dem die Einflusssphären Frankreichs und Großbritanniens im Nahen Osten festgehalten sind.

Dass die britische Regierung arabische Aufständische unterstützt hatte, bedeutet nicht, dass sie sich jetzt für die Unabhängigkeit von deren Siedlungsgebieten einsetzte. Denn neben ihrem Bündnis mit dem Haschemiten-Herrscher Faisal hatten die Briten auch den Zionisten signalisiert, dass sie deren Ziel, die Errichtung des Staates Israel, unterstützen würden. Damit verfolgte das Außenministerium des Vereinigten Königreichs zwei Strategien, die nicht miteinander vereinbar waren: Entweder förderte man die Bildung eines arabischen Großreiches, das alle heiligen Stätten einschloss, also neben Mekka und Medina, die zu der Zeit unter der Kontrolle der Haschemiten standen, auch Jerusalem, oder man setzte sich für einen jüdischen Staat in einem für die arabische Seite ebenso wichtigen Gebiet ein, der natürlich ebenfalls Jerusalem umfasst hätte. Letztlich erwiesen sich beide Bündnisse lediglich als Mittel zum Zweck, um die britischen Ziele in der Region zu erreichen. Nachdem Großbritannien den Ersten Weltkrieg auch im Nahen Osten erfolgreich hatte beenden können, ließ es seine arabischen und jüdischen Verbündeten fallen. Stattdessen verhandelte es mit Frankreich und Italien, die der siegreichen Entente angehörten, über eine Aufteilung der Gebiete in Interessenssphären.

Diese Aufteilung fand in etwas veränderter Konstellation auch Eingang in die Nachkriegsordnung für diese Region: Frankreich verwaltete nun das Gebiet, das heute aus den Staaten Syrien und Libanon besteht, Großbritannien erhielt Palästina (zu Beginn noch unter Einschluss von Transjordanien) sowie den Irak und sicherte sich zudem Einflussgebiete an den Küsten der Arabischen Halbinsel. Ägypten stand bereits vor dem Ersten Weltkrieg unter britischer Kontrolle: Es war 1882 besetzt und 1914 zu einem britischen Protektorat erklärt worden. Zwar erreichte Ägypten 1922 die Unabhängigkeit *de iure*, die 1936 durch einen ägyptisch-britischen Vertrag bestätigt wurde, allerdings waren noch bis 1946 britische Truppen, auch bedingt durch den Zweiten Weltkrieg, in Ägypten stationiert, und der Suezkanal blieb bis 1956 in britischer Hand. Die anderen Gebiete wurden (bis auf die Emirate auf der arabischen Halbinsel, die erst später unabhängig wurden) in den dreißiger und vierziger Jahren von den europäischen Schutzmächten in die formale Unabhängigkeit überführt, blieben jedoch unter der jeweiligen Kontrolle Frankreichs und Großbritanniens. Lediglich das Königreich Saudi-Arabien und der nördliche Jemen konnten sich gegen fremde Einflussnahme behaupten, allerdings hatten diese beiden Staaten schon zuvor den Einfluss des Osmanischen Reiches begrenzen können.

Dabei setzten Großbritannien und Frankreich auf Staatsformen, die zu ihrem eigenen Selbstverständnis passten: Die französischen Protektorate bildeten Republiken aus, während Großbritannien Bündnisse mit einheimischen Herrscherdynastien schloss.

Der Iran, der sich schon zuvor dem Einfluss europäischer Mächte weitgehend entzogen hatte, hatte sich auch aus dem Ersten Weltkrieg herausgehalten und war somit von dessen Folgen nur indirekt betroffen. Deswegen fand er Zeit, sich innenpolitisch eigenständig zu entwickeln, und musste weniger auf äußere Einflüsse reagieren. Gleichwohl war er auch äußerem Druck ausgesetzt, vor allem nach dem Zweiten Weltkrieg. Bereits 1941 war das Land von britischen und sowjetischen Streitkräften besetzt worden, damit es sich nicht mit den Achsenmächten verbündete. Danach kontrollierten vor allem bri-

Der Nahe Osten 1923

tische Unternehmen die iranische Ölförderung. Als die nationalistisch eingestellte Regierung von Mohammad Mossadegh eine Nationalisierung der iranischen Ölindustrie forderte und dabei den Schah angriff, inszenierte dieser mit westlicher Hilfe einen Staatsstreich, um Mossadegh zu stürzen.

In der Zeit des Kalten Krieges stritten die Hauptakteure des Ost-West-Konfliktes um Einfluss im Nahen Osten, aber auch die einheimischen Eliten wurden selbstbewusster. Viele westlich orientierte Monarchien fielen im Laufe der 1950er Jahre Machtübernahmen des Militärs zum Opfer: 1952 musste der ägyptische König abdanken, 1958 wurde die Monarchie im Irak gestürzt. Mit diesen Umstürzen ging eine Entwicklung zu einer nationalistischeren Politik einher, die Einflüsse von außen zu minimieren suchte. In diesen Zusammenhang gehört ein Nachspiel der Kolonialpolitik aus der Zeit vor dem Zweiten

Weltkrieg, nämlich die Suezkrise im Jahre 1956: Nachdem die neuen ägyptischen Machthaber unter Gamal Abdel Nasser den Suez-Kanal verstaatlicht und zugleich eine Blockade gegen israelische Schiffe in der Meerenge von Tiran verhängt hatten, verbündeten sich die bisherigen Mehrheitseigner des Suezkanals – Großbritannien, das mit dem ägyptischen Umsturz einen wichtigen Partner in der Region verloren hatte, und Frankreich, das seine arabischen Besitzungen in Nordafrika kaum mehr halten konnte – mit Israel. Nun begann eine zweigleisige Militäraktion: Während Israel den Gazastreifen (seit 1948 unter ägyptischer Kontrolle) und die Sinaihalbinsel besetzte, landeten britische und französische Fallschirmjäger im Kanalgebiet. Letztlich musste die ganze Aktion abgebrochen werden, da sich neben der Sowjetunion, deren Protest erwartet worden war, auch die USA weigerten, das Unternehmen zu unterstützen.

Der französisch-britische Abzug und die endgültige Aufgabe des Suezkanals stabilisierten das ägyptische Regime und führten zu einer euphorischen Stimmung in den arabischen Staaten, da es zum ersten Mal gelungen war, westliche Truppen zum Abzug zu zwingen. Zugleich wandten sich diese Staaten der Sowjetunion zu, die sie bereitwillig aufrüstete, um mit dem Einfluss der USA in der Region konkurrieren zu können. Einige arabische Republiken erklärten sich nun zu sozialistischen Staaten, die das sowjetische Wertesystem übernahmen. Oftmals handelte es sich dabei aber weiterhin um Militärdiktaturen, die sich lediglich einen entsprechenden Anstrich gaben, um militärische und wirtschaftliche Unterstützung zu erhalten. Nach dem Ende des Ost-West-Konfliktes gelang es einigen dieser Regimes, von sozialistischen Parolen abzurücken und an der Macht zu bleiben.

Israel wählte in dieser Zeit einen anderen Weg: In der Gründungsphase und in den ersten Jahren hatte es sich noch als ein sozialistischer Staat verstanden und damit die Welt östlich des Eisernen Vorhangs als potentiellen Verbündeten betrachtet. Diese Idee wich aber schnell einer realistischen Einschätzung, da sich zum einen Israels demokratisch-sozialistisches Konzept deutlich vom Marxismus-Leninismus des Ostblocks unterschied. Zum anderen betrachteten die sowjetisch dominierten Staaten den Einfluss Israels auf ihre jüdischen Bevölkerungsteile mit Misstrauen und Ablehnung, während sie sich aus antikolonialistischen Motiven der arabischen Welt zuwandten. Stattdessen orientierte sich Israel in den ersten zwanzig Jahren seines Bestehens an Großbritannien und Frankreich, die einen Bündnispartner in der Region suchten, wobei vor allem Frankreich als wichtiger Waffenlieferant in Erscheinung trat. Die Haltung Frankreichs gegenüber Israel änderte sich in den 1960er Jahren, da man sich in Paris nach dem Verlust Nordafrikas in seinen Beziehungen mit der arabischen Welt neu positionierte.

Als Frankreich kurz vor dem Beginn des Sechstagekrieges im Jahre 1967 die Lieferung wichtiger Kampfflugzeuge an Israel einstellte, sprangen die USA als Waffenlieferant ein und sind seitdem ein verlässlicher Partner, der die Sicherheit des jüdischen Staates militärisch und auch politisch stützt. Damit entwickelte sich der Nahe Osten endgültig zu einem Gebiet, in dem die USA und die Sowjetunion eine Art Stellvertreterkrieg führten. Jegliches Handeln beider Seiten war von globalen Erwägungen bestimmt und konnte weltweite Auswirkungen haben, die den Nahen Osten zu einem der wichtigsten Schauplätze der Welt machten. Bereits im Jahre 1958 hatten die Vereinigten Staaten gezeigt, dass sie bereit waren, militärisch in der Region einzugreifen: Im Libanon war es aufgrund politischer Krisen zu bürgerkriegsähnlichen Unruhen gekommen, in denen die USA Partei nahmen und Truppen ins Land schickten. Nachdem die Krise durch einen innerlibanesischen Kompromiss beigelegt worden war, zogen die Soldaten wieder ab.

Nach dem Ende des Kalten Krieges verfolgten die Vereinigten Staaten weiterhin ihre Interessen im Nahen Osten, wobei diese Aktivitäten auf zwei Ebenen stattfinden: Erstens unterstützt man die eigenen Verbündeten wie beispielsweise Israel und Ägypten und bemüht sich gleichzeitig darum, als Vermittlungspartner für Gespräche zwischen verfeindeten Parteien in der Region zu dienen. Diese Rolle war und ist jedoch problematisch, da die USA durch ihre deutliche Präferenz Israels von der arabischen Gegenseite niemals als neutrale Schiedsrichter anerkannt werden können: Jegliches Handeln der USA im Nahen Osten wird von Misstrauen in der Region begleitet. Entsprechend bereitwillig lässt sich die Bevölkerung muslimischer Staaten für anti-amerikanische Kundgebungen instrumentalisieren. Daraus muss nicht notwendigerweise eine Anerkennung des jeweils herrschenden Regimes abgeleitet werden, sondern lediglich die Sichtweise, dass die USA ein noch größeres Übel als die eigene Regierung darstellen.

Eine zweite Ebene US-amerikanischer Politik im Nahen Osten zeigt sich in Krisenzeiten: Nach der Besetzung Kuwaits durch den Irak im Jahre 1990 waren sie es, die ein Bündnis verschiedener Staaten schmiedeten, das unter ihrer Führung diese Besatzung mit militärischen Mitteln beendete. Nach den Anschlägen vom 11. September 2001 wurde nicht nur Afghanistan durch eine internationale Allianz unter US-amerikanischer Führung bis 2021 besetzt, um die dortigen Stützpunkte islamischer Terroristen zu zerstören und das Land allgemein

Panzer der US Army vor dem Siegesbogen in Bagdad im November 2003

zu befrieden, was letztlich scheiterte. Auch der Irak wurde im Zuge dieses Vorhabens von den USA und verbündeten Staaten (im Fall dieser »Koalition der Willigen« waren es deutlich weniger als in Afghanistan) im Jahre 2003 erobert, um das Regime Saddam Husseins endgültig zu stürzen. Ob diese Aktion sinnvoll war oder nicht, lässt sich noch nicht abschließend sagen. Zwar ist der Irak von einer mörderischen Diktatur befreit worden, doch hat er bis heute nicht wieder zu Stabilität gefunden, sondern ist immer noch Schauplatz gewalttätiger Auseinandersetzungen.

Dabei muss man feststellen, dass es in der US-amerikanischen Außenpolitik nicht immer eine einheitliche Linie gab, zumal sich gerade in den letzten Jahren deutliche Brüche zeigten: Präsident Barack Obama (2009–2017) verhielt sich in seiner Unterstützung Israels deutlich distanzierter. Natürlich ließ auch Obama keinen Zweifel daran aufkommen, dass für die USA das Existenzrecht des jüdischen Staates niemals infrage gestellt werden darf, gleichzeitig war er jedoch nicht einverstanden mit der Regierung Benjamin Netanjahus (2009–2021), die sich im Konflikt mit der palästinensischen Seite als besonders kompromisslos zeigte. Vielmehr forderte er immer wieder ein stärkeres israelisches Engagement in den Verhandlungen mit den Palästinensern und kritisierte beispielsweise die israelische Besiedlung des Westjordanlandes deutlicher als seine Vorgänger.

Dies änderte sich unter Obamas Nachfolger Donald Trump (2017–2021) diametral: Trump ließ Netanjahu in seiner Politik freie Hand und zeigte auch Verständnis für dessen Befürchtungen bezüglich der möglichen nuklearen Aufrüstung des Iran, dem gegenüber sich Obama deutlich konzilianter gezeigt hatte. Trump ging sogar so weit, ein Einreiseverbot für Iraner*innen in die USA zu verhängen, das er mit iranischem Terrorismus begründete. Zwar trifft es zu, dass die iranische Regierung Terrorakte gegen Israel sowie die westliche Welt unterstützt hat und das weiterhin tut, allerdings geht deshalb nicht unbedingt eine Gefahr von iranischen Staatsbürger*innen aus. Dieses Verbot galt nicht nur für den Iran, sondern auch für den Irak, Syrien, Libyen, Jemen, Sudan und Somalia, aber nicht für Saudi-Arabien und die verschiedenen Emirate am Persischen Golf, zu deren Machthabern der Unternehmer Trump umfangreiche geschäftliche Kontakte pflegt. Vielleicht erschien ihm ein solches Einreiseverbot nicht opportun, auch wenn es deutlich sinnvoller gewesen wäre als die entsprechenden Maßnahmen gegen den Iran.

Dass Trump die amerikanische Unterstützung der Kurd*innen in Nordsyrien aufkündigte, war wohl dem Willen geschuldet, ein Wahlkampfversprechen einzulösen, nämlich die Rückkehr amerikanischer Soldat*innen in die Heimat anzuordnen und das weltweite Engagement der US-Streitkräfte zu reduzieren. Dennoch löste die Entscheidung in der Weltöffentlichkeit Verwunderung aus, da nun die kurdischen Verbündeten den Angriffen des türkischen Militärs ausgeliefert waren. Dagegen stellen die Friedensabkommen Israels mit den Vereinigten Arabischen Emiraten und mit Bahrain, deren Vermittlung von der Regierung Trump als großer Erfolg gefeiert wurde, letztlich nur den Endpunkt einer Entwicklung dar, die in den 1990er Jahren begonnen hatte und vor allem durch die gemeinsame Gegnerschaft zum Iran befördert wurde. Trumps Plan zur Lösung des israelisch-palästinensischen Konflikts blieb dagegen ohne konkretes Ergebnis.

Unter Präsident Joe Biden (seit 2021) haben die USA wieder zu ihrer alten Linie im Nahen Osten zurückgefunden: Sie sind Partner Israels, zugleich aber nicht bereit, alle Entscheidungen der israelischen Regierung widerstandslos hinzunehmen; immer wieder drängen sie auf einen Ausgleich mit den Palästinensern. Allerdings wurden nicht alle Entscheidungen der Regierung Trump zurückgenommen, so beispielsweise den Entschluss einer Verlegung der US-amerikanischen Botschaft nach Jerusalem, die bereits in der Regierungszeit Bill Clintons (1993–2001) beabsichtigt, allerdings immer wieder verschoben worden war.

In den letzten Jahren betätigt sich auch Russland im Nahen Osten, vor allem durch seine Unterstützung Syriens stellt es sich den USA entgegen. Dabei spielen vor allem global-strategische Überlegungen eine Rolle: Den Kriegshafen Tartus hatte bereits seit 1971 die sowjetische Marine genutzt, um im Mittelmeer Präsenz zeigen zu können. Nach dem Ende der Sowjetunion wurde die Basis ab 1996 wieder von russischen Kriegsschiffen angesteuert. Im Jahre 2006 ließ der russische Präsident Wladimir Putin diese Präsenz deutlich ausbauen, wohl auch in der Absicht, nach einem eventuellen Auslaufen des Pachtvertrages auf der ukrainischen Halbinsel Krim im Jahre 2022 weiterhin im Mittelmeer aktiv sein zu können. Diese Überlegungen büßten an Wichtigkeit ein, als der Pachtvertrag mit der Ukraine im Jahre 2010 bis maximal zum Jahr 2047 verlängert wurde, und haben sich zwar seit der russischen Besetzung der Krim im Jahre 2014 ganz erledigt; trotzdem gilt Tartus weiterhin als ein wichtiger Faktor in der russischen Militärpolitik. Dazu passt die massive russische Unterstützung des syrischen Präsidenten Baschar al-Assad, dem es vor allem durch den Einsatz des russischen Militärs gelungen ist, die Oberhand im Bürgerkrieg zu gewinnen.

Neuerdings bemüht sich auch die Volksrepublik China um einen stärkeren Einfluss im Nahen Osten, indem sie vor allem auf ihre Wirtschaftskraft setzt: China will den Bezug von Ressourcen für die eigene Industrie durch Verträge mit den nahöstlichen Machthabern sicherstellen. Im Gegensatz zu europäischen Konkurrenten legt China keinen Wert darauf, wirtschaftliche Erwägungen mit politischen zu verknüpfen. Während in Europa Wirtschaftsabkommen immer stärker politisch hinterfragt werden und beispielsweise die Menschenrechtslage bei dem jeweils angefragten Vertragspartner eine immer bedeutendere Rolle einnimmt, setzt China auf eine reine Handelspolitik, die den jeweiligen Machthabern besonders lukrativ erscheint, aber diese Länder abhängig von der chinesischen Wirtschaft macht. Ein weiterer Faktor ist die chinesische Waffenindustrie: In China fragt man sich nicht, ob es moralische Einwände gegen Waffenlieferungen an bestimmte Staaten gibt, solange diese Staaten in der Lage sind, ihre Einkäufe zu bezahlen. So sind international weitgehend isolierte Regime wie beispielsweise das des Iran in der Lage, ihr Militär auf den neuesten Stand zu bringen.

Was Europa betrifft, so besteht bis heute im Nahen Osten eine gewisse Zurückhaltung, die EU als einen Partner zu akzeptieren, der in der gleichen Liga wie beispielsweise die USA spielen könnte. Zwar werden die europäischen Staaten durchaus als Vermittler geschätzt, da man ihnen keinen Hegemonialanspruch unterstellt. Allerdings tut sich die europäische Staatengemeinschaft schwer, immer mit einer Stimme zu sprechen, da sich die jeweiligen nationalen Interessen der Einzelstaaten durchaus unterscheiden. Zudem führt das Bestreben nach Neutralität in dem Konflikt dazu, dass von den humanitären Hilfen für die palästinensische Bevölkerung auch radikale und terroristische Gruppierungen profitieren und somit direkt oder indirekt finanziert werden.

Die Vereinten Nationen konnten sich niemals im Nahostkonflikt als neutrale Vermittler betätigen, denn gerade die muslimischen Mitgliedsstaaten positionieren sich schon gewohnheitsmäßig gegen Israel. Dazu kommt, dass das auch von westlichen Staaten finanzierte Palästina-Hilfswerk UNRWA anti-israelische Propaganda verbreitet, was eigentlich schon lange bekannt ist, allerdings zogen die europäischen Staaten erst nach den Ereignissen des 7. Oktobers 2023 daraus Konsequenzen. Auch die Äußerung des UNO-Generalsekretärs Antonio Guterres vom 24. Oktober, der den Überfall der Hamas zwar verurteilte, aber zugleich Israel dafür verantwortlich machte, war aus israelischer Sicht nicht hilfreich.

Nationalismus: Die arabische Nation, der Zionismus, türkisches und iranisches Hegemoniestreben

Wenn man die Grenzen der verschiedenen Staaten im Nahen Osten betrachtet, sieht man leicht, dass sie in vielen Fällen mit dem Lineal gezogen wurden. Als die Siegermächte des Ersten Weltkrieges das Osmanische Reich in Interessenssphären aufteilten, nahmen sie wenig Rücksicht auf die Wünsche der dort ansässigen Bevölkerung. Zum Teil fanden sich nach der Unabhängigkeit Volksgruppen in einem Staat wieder, die eigentlich kein Interesse an einem gemeinsamen Gemeinwesen haben, man denke nur an die Kurd*innen im Irak, die sich eher mit ihren Landsleuten in der Türkei und im Iran identifizieren als mit der arabischen Bevölkerung des Irak. Zum anderen wurden Bevölkerungen voneinander getrennt, die zuvor lange Zeit in einem gemeinsamen Gebiet gelebt hatten, wie es zum Beispiel bei Syrien und dem Libanon der Fall war.

Zudem kann man die Staaten des Nahen Ostens in zwei Gruppen unterteilen: In der einen Gruppe sind die arabischen Staaten, die, obwohl sich mittlerweile in den meisten Staaten ein gewisses Nationalbewusstsein entwickelt hat, noch ein starkes Gemeinschaftsgefühl besitzen. Die zweite Gruppe wird von den nichtarabischen Staaten gebildet, also Iran, Israel und der Türkei. Diese Staaten passen nach arabischer Ansicht nicht in die Region: Das Bestreben der Türkei und des Iran, dort eine tragende Rolle zu spielen, wird von den arabischen Staaten als Bedrohung empfunden, während Israel den Ruf eines Fremdkörpers hat.

Zwischen Panarabismus und arabischem Nationalismus

Die Idee einer einheitlichen arabischen Identität bzw. eines Volkes hat sich bis heute in der Region gehalten, auch wenn es in letzter Zeit keine ernsthaften Versuche gab, sie zu verwirklichen. Der erste Schritt, die arabische Welt zu vereinen, selbst über ideologische Grenzen hinweg, bestand in der Gründung der Arabischen Liga im Jahre 1945, die den Araber*innen eine gemeinsame Stimme geben sollte. Sie war gebildet worden, um der Forderung arabischer Staaten nach Unabhängigkeit Nachdruck zu verleihen. Gleichzeitig wandte sie sich gegen die zionistischen Bestrebungen in der Region, konnte jedoch letztlich die Gründung des Staates Israel nicht verhindern. Ihr größtes Ziel hat sie bis heute ebenfalls nicht erreicht, nämlich ein gemeinsames Handeln der arabischen Staaten. Zwar gelangen ihr durchaus einige Vermittlungserfolge in innerarabischen Streitigkeiten, aber insgesamt ist das Niveau der Kooperation der arabischen Staaten eher gering, erst recht, wenn man es beispielsweise mit der Europäischen Union vergleicht. Letztlich sorgt am ehesten die Ablehnung des Zionismus und des Staates Israel für einen gewissen Zusammenhalt der arabischen Welt, die allerdings in den letzten

Jahren nicht mehr so einhellig ist wie in den Anfängen der Arabischen Liga.

Was das Streben nach einem einheitlichen arabischen Staat oder zumindest einem Staatenbund betrifft, so haben sich in den einzelnen arabischen Regionen und Ländern unterschiedliche Mentalitäten und Traditionen herausgebildet, die einem arabischen Nationalgefühl eher im Wege stehen. Letztlich ist nicht einmal die Sprache ein einendes Band: Die moderne arabische Standardsprache, die sich aus dem klassischen Arabisch entwickelt hat und als Medien- bzw. Literatursprache Verwendung findet, wird zwar von den meisten Araber*innen verstanden, aber nicht zur eigenen Kommunikation verwendet. Das gesprochene Arabisch besteht aus einer Reihe von sogenannten Dialekten, die in der Regel nicht als Schriftsprache Verwendung finden und sich zum Teil sehr stark voneinander unterscheiden, sodass eine Kommunikation beispielsweise zwischen einem Marokkaner und einem Iraker in der Regel über das Standardarabische erfolgt, das die Sprecher aber je nach Erziehung in einem unterschiedlichen Maße beherrschen.

Die große Zeit des Panarabismus waren die 1950er und 1960er Jahre, in denen sich vor allem der ägyptische Präsident Gamal Abdel Nasser darum bemühte, andere arabische Staaten zu einem Zusammenschluss zu bewegen, der natürlich durch eine ägyptische Übermacht geprägt gewesen wäre. Diese Dominanz sorgte letztlich für das Scheitern dieser Idee, denn andere Staaten waren nicht bereit, sich Ägypten unterzuordnen.

Der erste Versuch eines Staatenbundes erfolgte mit der Vereinigten Arabischen Republik, die aus Ägypten und Syrien bestand und zwischen 1958 und 1961 existierte, wobei sich auch der Nordjemen diesem Staatsgebilde eher informell angeschlossen hatte. *De facto* war Syrien in diesem Zusammen-

Gamal Abdel Nasser
im Jahr 1968

schluss nicht mehr als eine Provinz Ägyptens: Es musste sich dem ägyptischen Parteiensystem anpassen, sodass es dort statt der bisherigen Gruppierungen nur noch die nasseristische Einheitspartei geben durfte, seine Verwaltung wurde nach ägyptischem Vorbild umgebaut und die Armee von ägyptischen Offizieren kontrolliert. Im Jahre 1961 putschte die syrische Armee und setzte eine Auflösung der Union durch.

Als Folge der Gründung der Vereinigten Arabischen Republik entstand im selben Jahr die Haschemitische Arabische Föderation zwischen Jordanien und dem Irak: Da beide Staaten von derselben Dynastie regiert wurden, nämlich den Haschemiten, die noch zu Beginn des 20. Jahrhunderts über die Heiligen Stätten Mekka und Medina geherrscht hatten, lag die Idee einer Annäherung durchaus nahe. Hinzu kam, dass sich die Haschemiten ebenfalls dem Konzept des Panarabismus verschrieben hatten, allerdings in Form eines von dieser Dynastie geführten arabischen Reiches. Vor allem der Irak suchte diese

Annäherung und hatte auch den gewichtigeren Part in dieser Föderation. Allerdings dauerte diese nur ein halbes Jahr an, am 14. Juli 1958 putschte das irakische Militär und ermordete die wichtigsten Vertreter der haschemitischen Dynastie im Irak.

Ein zweiter Faktor neben dem Panarabismus in der Prägung Nassers war die *Baath*-Ideologie. Diese u.a. von Michel Aflaq, einem libanesischen Christen, in den 1940er Jahren entwickelte Ideologie bemühte sich darum, verschiedene Elemente miteinander zu verbinden: die Idee einer arabischen Nation, den Sozialismus und den Säkularismus. Ab den 1960er Jahren etablierten sich in Syrien und im Irak Militärdiktaturen, die auf dem Baathismus basierten. Interessanterweise führte das allerdings nicht zu einer Annäherung zwischen beiden Staaten, im Gegenteil, beide *Baath*-Parteien sahen einander als erbitterte Feinde, die sich gegenseitig vorwarfen, illegitime Vertreter dieser Ideologie zu sein. Auch in diesem Fall schien das Streben nach Dominanz einzelner Länder stärker zu sein als die Vision eines einigen Arabien.

Zugleich empfanden sich die Staaten, die entweder dem Nasserismus oder dem Baathismus anhingen, als Gegner der konservativen Monarchien, vor allem der Golfstaaten und Saudi-Arabiens. Letztere sind zwar nicht sonderlich bevölkerungsreich oder groß an Fläche, besitzen jedoch durch ihre wirtschaftliche Macht, die sie vor allem ihrer Stellung als Ölförderländer verdanken, einen großen Einfluss in der arabischen Welt. In der Regel waren und sind diese Staaten mit den USA verbündet und standen damit in einem Gegensatz zu den Bündnispartnern der Sowjetunion.

Aber auch im Kleinen gab es durchaus Versuche einer Vereinigung, nämlich im Jemen: Das historisch und kulturell durchaus zusammengehörige Gebiet stand im Laufe der Geschichte eher selten unter einer einheitlichen Herrschaft, im 19. Jahrhundert kam es zur faktischen Teilung in den mehr oder weniger vom Osmanischen Reich beherrschten Norden und den von den Briten beherrschten Süden. Der Nordjemen wurde 1918 formell unabhängig, wobei die Herrschaft der Zaiditen, einer schiitischen Gruppierung, nicht immer unumstritten war. Die Monarchie, die 1926 ausgerufen wurde (zuvor hatte der Herrscher als Imam das Land gelenkt), wurde 1962 gestürzt und durch eine Republik ersetzt, die aber bis 1970 von einem Bürgerkrieg zwischen republikanischen und monarchistischen Kräften erschüttert wurde. Seit dieser Zeit suchte dieser Staat das Bündnis mit Ägypten. In den sechziger Jahren bestand der Südjemen aus drei verschiedenen Verwaltungsgebieten: der Kronkolonie Aden, der Südarabischen Föderation und dem Südarabischen Protektorat. Allerdings führten bewaffnete Unruhen dazu, dass die Gebiete 1967 als Volksrepublik Jemen in die Unabhängigkeit entlassen werden mussten, das heißt, dass die bisherigen Fürsten und Stammesoberhäupter abgesetzt wurden und sich der neue Staat in Richtung Sowjetunion orientierte. Trotz immer wieder gewaltsam ausgetragenen Grenzstreitigkeiten zwischen Nord- und Südjemen bemühten sich beide Staaten bereits ab den 1970er Jahren um eine Vereinigung, die aber erst im Jahre 1990 vollzogen werden konnte.

Das Ergebnis zeichnete sich nicht gerade durch Stabilität aus: Bereits vier Jahre später kam es zu einem Bürgerkrieg, da beide ehemaligen Staaten nicht gleichberechtigt in die Union gegangen waren, sondern der nördliche Teil den südlichen dominierte. 2009 folgte ein weiterer Aufstand des südlichen Landesteiles, der sich zu einem bis heute andauernden Bürgerkrieg entwickelte, der auch eine religiöse Dimension enthält: Während schiitische nordjemenitische Gruppierungen vom Iran unterstützt werden, erhält der sunnitisch geprägte Süden Hilfe aus Saudi-Arabien, das seit 2015 auch direkt militärisch interveniert. Im Jahre 2021 geführte Gespräche zwischen den Konfliktparteien haben bislang zu keiner Befriedung des Landes geführt. Letztlich kann man sagen, dass die Idee eines jemenitischen Zentralstaates gescheitert ist. Wenn der Jemen als Staat Erfolg haben soll, so kann er den wohl am ehesten durch eine bundesstaatliche Ordnung erreichen, die dafür sorgt, dass die verschiedenen Bevölkerungsgruppen ausreichend repräsentiert werden.

Der Arabische Frühling

Ein vorübergehendes panarabisches Phänomen, dessen Auswirkungen bis heute spürbar sind, war der »Arabische Frühling«. Seit 2010 führten die sozialen Probleme zu Unruhen in verschiedenen arabischen Staaten, die letztlich eine starke Unzufriedenheit mit den herrschenden Regimes offenbarten. Diese Proteste begannen im Dezember 2010 in Tunesien und griffen dann auf die meisten arabischen Länder über. In Tunesien musste die Konstitutionelle Demokratische Partei, die seit der Unabhängigkeit des Landes im Jahre 1956 unter verschiedenen Namen geherrscht hatte, abtreten, der Präsident Zine el-Abidine Ben Ali trat im Januar 2011 zurück.

Seitdem ist die politische Situation im Lande alles andere als stabil: Zwar wurde am 27. Januar 2014 eine neue Verfassung verabschiedet, die neben einem Bekenntnis zum Islam auch Rechtsstaatlichkeit und die Gleichberechtigung von Mann und Frau garantiert. Auch die Wahlen in den Jahren 2014 und 2019 zeigten, dass Tunesien zu diesem Zeitpunkt als das demokratischste Staatswesen in der arabischen Welt bezeichnet werden konnte. Dabei gelang es auch, islamistische Gruppen, die bei den Wahlen sehr erfolgreich abschnitten, in den Staat einzubinden. Allerdings wurde die Erfolgsgeschichte Tunesiens dadurch beendet, dass der derzeitige Staatspräsident Kais Saied am 25. Juli 2021 das Parlament suspendierte und eine Regierung einsetzte, die mit Hilfe von Notverordnungen die andauernde Wirtschaftskrise bewältigen sollte, wobei Kais Saied eine Verfassungsreform anstrebt, die von vielen Politiker*innen als eine Abkehr von den bisherigen Fortschritten gesehen wird. Die Parlamentswahlen am 17. Dezember 2022 und 20. Januar 2023, die von den oppositionellen Kräften boykottiert wurden, erwiesen sich mit einer Wahlbeteiligung von weniger als zwölf Prozent als Farce.

Am 25. Januar 2011 fanden die ersten Massendemonstrationen in Ägypten statt – bereits am 11. Februar des Vorjahres hatte Präsident Muhammad Husni Mubarak, der das Land seit 1981 regiert hatte, zurücktreten müssen. Statt seiner regierte nun ein Militärrat. Trotzdem dauerten die Proteste weiter an, obwohl Polizei und Militär sich darum bemühten, sie gewaltsam zu unterdrücken. Auch die Änderungen der Verfassung, die am 19. März durch ein Referendum erwirkt wurden, konnten die Situation nur kurz beruhigen. Das herrschende Militär zögerte die von den Demonstranten geforderten Parlamentswahlen immer wieder hinaus. Erst im September sagte es zu, dass zwischen November 2011 und Januar 2012 in drei Etappen Wahlen stattfinden sollten. Diese Wahlen, an denen ca. 62 Prozent der Bevölkerung teilnahmen, konnten Islamisten und Salafisten für sich entscheiden. Im Januar und Februar 2012 wurde mit dem Schura-Rat das Oberhaus gewählt; auch diese Wahl, an der sich nur zwölf bzw. neun Prozent der Bevölkerung beteiligten, wurde von Islamisten und Salafisten gewonnen.

Demonstranten auf dem Tahrir-Platz in Kairo im Januar 2011

In zwei Wahlgängen im Mai und Juni 2012 fanden Präsidentenwahlen statt, die der Islamist Mohammed Mursi gewann, wobei an der Stichwahl 51 Prozent der Wähler*innen teilgenommen hatten. Die Kompetenzen des neuen Staatsoberhauptes, vor allem in Bezug auf den weiterhin existierenden Militärrat, waren allerdings weitgehend unklar, da es bislang keine neue Verfassung gab. Deswegen war Mursis Präsidentschaft von Konflikten mit den Militärs geprägt. Trotzdem gelang es ihm, im Dezember 2012 eine neue Verfassung durchzusetzen, die zwar in einer Volksabstimmung von rund 64 Prozent der Wähler*innen gebilligt wurde, allerdings hatten sich nur knapp 33 Prozent an der Abstimmung beteiligt. Diese geringe Wahlbeteiligung verweist auf eine Schwäche der neuen

Führung: Sie war nicht in der Lage, mehr als die bereits überzeugten Anhänger*innen für sich zu gewinnen. Sehr viele Ägypter*innen waren angesichts der Stagnation der letzten Jahre und der ökonomischen Probleme nicht bereit, sich für eine neue Ordnung zu engagieren, von der sie sich keine wirkliche Verbesserung ihrer Situation versprachen.

Dem Militär machte die Mehrheit der islamistischen Parteien neue Probleme: Zum einen stand seine eigene Zukunft auf dem Spiel, da lukrative Bereiche der Wirtschaft Ägyptens sich unter Kontrolle der Armee befinden, deren Generalität davon kräftig profitiert; zum anderen stellte sich die Frage, wie sich die Beziehungen zu Israel entwickeln würden, da sich die neue Regierung skeptisch gegenüber dem Friedensabkommen zeigte. Zwar versicherte Mursi, dass er sich an das Abkommen halten werde, allerdings überwogen sowohl auf Seiten Israels als auch auf Seiten des ägyptischen Militärs die Zweifel. Im Jahre 2013 wurde Mursi abgesetzt und später vor Gericht gestellt, allerdings nie verurteilt, da er vor dem Ende des Prozesses verstarb.

Nun hatte das Militär wieder die Kontrolle über das Land. Letztlich war der Versuch einer Demokratie, oder zumindest eines demokratischeren Staates als unter Mubarak, an mehreren Faktoren gescheitert: Die alten Eliten fühlten sich nicht sicher genug in den neuen Staat eingebunden und mussten um ihre Vorrechte bangen, sodass sie alles taten, um die neue Regierung scheitern zu lassen. Zugleich waren die neuen Machthaber keine Demokraten: Als Islamisten strebten sie den Umbau der Gesellschaft in ihrem Sinne an, was vielleicht den Wünschen ihrer Wähler entsprach, aber nicht den Vorstellungen von einem demokratischen Staatswesen. Zudem zeigte die mangelnde Wahlbeteiligung, dass große Teile der Bevölkerung den Neuanfang eher mit Misstrauen betrachteten.

Auch Syrien blieb vom »Arabischen Frühling« nicht verschont. Anders als in Ägypten oder Tunesien waren die Proteste gegen den Machthaber Baschar al-Assad, die im März 2011 ausbrachen, nicht erfolgreich, sondern wurden immer wieder blutig niedergeschlagen, konnten jedoch auch nicht im Keim erstickt werden. Die Folge war ein blutiger Bürgerkrieg, der bis heute andauert, obwohl die syrische Regierung, die von Russland und dem Iran militärisch wie politisch unterstützt wird, seit einiger Zeit die Oberhand hat. Gegen die Regierung kämpfen verschiedene Gruppierungen, darunter desertierte Angehörige der syrischen Streitkräfte. Während einige ein demokratisches Syrien fordern, verfechten andere eine islamistische Agenda oder sind Vertreter bestimmter ethnischer Minderheiten, die mehr Mitspracherecht im Staat verlangen, wobei einige von anderen Staaten unterstützt werden.

Die drei wichtigsten Gegner der syrischen Regierung sind: erstens die Nationalkoalition syrischer Revolutions- und Oppositionskräfte, ein Zusammenschluss gemäßigter sunnitischer Muslim*innen und säkularer Akteur*innen, die für sich in Anspruch nehmen, die legitime Vertretung des syrischen Volkes zu sein; zweitens die Autonome Administration von Nord- und Ostsyrien, ein Zusammenschluss von Kurd*innen, Assyrer*innen und Araber*innen, die mit der von den USA geführten Koalition zur Eindämmung des Islamischen Staates zusammenarbeitet, und drittens der Islamische Staat selbst, der aber seit einiger Zeit deutlich in die Defensive gedrängt wurde. Eine Folge des syrischen Bürgerkrieges besteht darin, dass iranische Streitkräfte, die sich ebenfalls an den Auseinandersetzungen beteiligen, in unmittelbarer Nähe zu Israel stationiert sind.

Zionismus und der Staat Israel

Die Idee eines jüdischen Nationalstaates drückt sich im Zionismus aus, der insbesondere auf Theodor Herzl (1860–1904) zurückgeführt wird. Herzl war nicht der erste Verfechter eines solchen Staates, und die Frage, welche Form die Schaffung eines jüdischen Nationalbewusstseins annehmen sollte, war alles andere als klar: Ein sogenannter kultureller Zionismus wollte Jerusalem als religiös-kulturelles Zentrum etablieren, das dann die Juden der Welt inspirieren sollte. Der politische Zionismus dagegen strebte immer nach einem Staat, der zur Heimstatt der Juden der Welt werden sollte. Herzl fand mit seiner 1896 veröffentlichten Schrift *Der Judenstaat* deutlich größeren Anklang als andere Verfechter. Im Jahre 1897 nahm auf dem Ersten Zionistischen Kongress der Plan einer konzertierten Ansiedlung im Heiligen Land Form an. Dabei ist zu berücksichtigen, dass der Zionismus zunächst ein europäisches Projekt war. Vor allem Jüd*innen Europas bekannten sich dazu, zum einen in Anlehnung an die nationalstaatliche Idee, die zu dieser Zeit bereits weite Kreise der europäischen Bevölkerung insgesamt überzeugt hatte, zum anderen speziell in Osteuropa als Ausweg aus Armut und Verfolgungen, denen besonders dieJüd*innen im Russischen Reich ausgesetzt waren.

Für Herzl kam als Territorium für einen jüdischen Staat nur Palästina infrage, aber in der Folgezeit wurden auch andere Gebiete ins Auge gefasst, deren Erwerb leichter zu erreichen schien. Dabei spielten zwei Gesichtspunkte eine Rolle: Für Palästina sprach die Verbundenheit des jüdischen Volkes mit diesem Gebiet. Egal, wie lange Jüd*innen bereits außerhalb ihres angestammten Landes gelebt hatten, die Erinnerung daran und die Sehnsucht nach einer Rückkehr dorthin blieb immer präsent, wenn auch in einer religiös geprägten Form, die diese Rückkehr mit dem Messias und dem göttlichen Erlösungsplan verknüpfte. Herzl hingegen war kein religiöser Mensch, er kam vielmehr durch den weiterhin existierenden Antisemitismus in Europa zu dem Schluss, dass kein Zusammenleben zwischen Jüd*innen und Nichtjüd*innen möglich sei, weswegen eine andere Lösung gefunden werden müsse. Der zweite Gesichtspunkt war die Dringlichkeit: Die Versuche, in Palästina eine jüdische Heimstätte zu errichten, erwiesen sich als ein langwieriges Unternehmen, während die Intensität der Verfolgungen in Osteuropa immer stärker zunahm.

Somit stellte sich die Frage, ob es nicht eine Übergangslösung gebe, und diese wurde eine Zeit lang in der Bereitschaft des britischen Kolonialministeriums zur Ansiedlung von Juden in Ostafrika gesehen: 1905 spaltete sich die zionistische Bewegung in zwei Lager, einerseits die Verfechter eines jüdischen Gemeinwesens in Palästina und andererseits die sogenannten Territorialisten, die bezüglich des Siedlungsgebietes zu Kompromissen bereit waren. Letztlich stellte sich jedoch heraus, dass allein Palästina über eine entsprechende Anziehungskraft auf die Mehrheit der Juden verfügte, sodass diese Spaltung nur vorübergehender Natur war.

Anfänglich war das Unternehmen eher naiv zu nennen, gerade Herzl hatte Vorstellungen, die an der Wirklichkeit vor Ort vorbeigingen: Ihm zufolge war alles nur eine Frage von Verhandlungen mit der osmanischen Herrschaft, die sich schon vom politischen und ökonomischen Nutzen einer jüdischen Ansiedlung unter dem Schutz der europäischen Großmächte überzeugen lassen würde. Was die Bevölkerung Palästinas betrifft, konnte sich Herzl nichts anderes vorstellen, als dass sie die Neueinwanderer*innen, die der Region durch die Einfüh-

David Ben Gurion gibt 1948 unter einem Porträt von Theodor Herzl die Gründung des Staates Israel bekannt.

rung europäischer Kultur und moderner Wirtschaftsmethoden zu neuem Wohlstand verhelfen würden, mit Dankbarkeit empfangen würde.

Später wurde das zionistische Projekt dank praktischer Erfahrungen vor Ort professioneller: Die Ansiedlung jüdischer Neueinwanderer*innen wurde zentral gesteuert, es gab Siedlungen auf Gemeinschaftsbasis (*Kibbuzim*), die der sozialistischen Ausrichtung der führenden Zionist*innen der damaligen Zeit entsprachen. Die jüdische Gemeinschaft (*Jischuv*) im britischen Mandatsgebiet hatte sich demokratisch organisiert, es gab verschiedene politische Parteien, ein provisorisches Parlament und eine vorläufige Regierung, die sich um die Belange des *Jischuv* kümmerte und als Ansprechpartner der britischen Mandatsverwaltung fungierte, aber auch immer wieder mit dieser in Konflikt geriet.

Die arabische Seite in Palästina war bei Weitem nicht so gut organisiert wie die jüdische Bevölkerung, auch fehlte es an einer einheitlichen Führung, da mehrere einflussreiche Familien um die Vorherrschaft im Lande stritten. Wichtig dürfte auch die Tatsache sein, dass es unter den Araber*innen Palästinas vor den 1960er Jahren kein Nationalbewusstsein gab: Man verstand sich nicht als Palästinenser*innen, sondern als Araber*innen, also ein Teil der arabischen Nation. Dazu kam noch, dass die existierenden arabischen Staaten kein ernsthaftes Interesse an einem weiteren Staat in der Region hatten, sondern ihre eigenen Ziele verfolgten, die im Falle von Ägypten und Transjordanien darin bestanden, Palästina dem eigenen Staatsgebiet einzuverleiben.

Auch das Ende des britischen Völkerbundmandates in Palästina traf den *Jischuv* nicht unvorbereitet: Um kein Vakuum entstehen zu lassen, wurde bereits am 14. Mai 1948 der Staat Israel ausgerufen, der sich im darauf ausbrechenden Unabhängigkeitskrieg gegen die arabischen Armeen behaupten konnte und sein Gebiet sogar erweiterte. Damit verbunden war die Vertreibung von arabischen Bevölkerungsteilen durch die israelische Armee aus dem von ihr kontrollierten Gebiet: Ungefähr 850 000 Menschen mussten ihre angestammte Heimat verlassen und siedelten sich in den Gebieten Palästinas, die, statt unabhängig zu werden, von Ägypten und Transjordanien besetzt worden waren, aber auch in Syrien, Jordanien und dem Libanon als Flüchtlinge an. In den Jahren nach diesem Ersten Nahostkrieg wurden weite Teile der jüdischen Bevölkerung in den arabischen Staaten als vermeintliche Verbündete Israels immer stärker drangsaliert und schließlich vertrieben. Daher ließen sich im jungen Staat Israel ungefähr 750 000 Jüd*innen aus der arabischen Welt nieder.

Der israelisch-arabische Konflikt

Obwohl der Erste Nahostkrieg 1949 mit einem Waffenstillstandsabkommen zwischen Israel und den beteiligten arabischen Staaten endete, war diese Ruhe nicht von Dauer. Die arabische Seite weigerte sich, die Existenz des neuen Staates anzuerkennen, es folgten immer neue Spannungen und Gefechte. Dabei entstand eines der Klischees, die man in Bezug auf den Nahen Osten bis heute in den Medien antrifft, nämlich das des dort allgegenwärtigen Terrorismus, der je nach politischer oder weltanschaulicher Position verteufelt oder glorifiziert wird. Klar ist jedoch Folgendes: Die Existenz von Terrorismus gerade im israelisch-palästinensischen Konflikt ist eine Tatsache, mit der man sich auseinandersetzen muss, wobei es im Folgenden erst einmal um den nationalistischen Aktivismus gehen soll. Der religiös motivierte, der durchaus auch nationalistische Anteile besitzt, wird im folgenden Kapitel behandelt.

Man kann lange darüber streiten, seit wann Terrorismus Teil der arabischen nationalen Strategie ist. Beispielsweise können die antijüdischen Unruhen im britischen Mandatsgebiet Palästina in den 1920er und 1930er Jahren als Terrorismus bezeichnet werden, allerdings lag ihnen in der Regel weder eine längerfristige Strategie noch eine Organisation zugrunde; es handelte sich eher um spontane Aufstachelungen, die zu entsprechenden Terrorakten führten. Das, was wir unter palästinensischem Terrorismus verstehen, begann nach der Gründung Israels, als zunächst einmal Freischärler, die vor allem von Ägypten unterstützt wurden, Überfälle auf israelische Dörfer und Fahrzeuge verübten. In den sechziger Jahren bekannte sich die Palästinensische Befreiungsorganisation (PLO) zum bewaffneten Kampf um Palästina, das inzwischen als eine arabische Nation verstanden wurde statt nur als Teil einer übergreifenden arabischen Gemeinschaft. Mit dem bewaffneten Kampf sollten zwei Ziele erreicht werden: Zum einen sollte ein unabhängiger Staat Palästina errichtet, zum anderen Israel vernichtet werden.

Dabei wurden zwar auch militärische Mittel propagiert, allerdings nicht gerade häufig angewendet: Angriffe auf israelische Soldat*innen und militärische Infrastrukturen gab es eher selten, zumal sie sehr riskant waren. Man muss dazusagen, dass das Konzept des Selbstmordattentats, das uns heute sehr vertraut ist, erst in den achtziger Jahren aufkam; in den ersten Jahrzehnten ging es den Terroristen in Regel darum, möglichst viele Israel*innen zu töten, ohne selbst zwangsläufig zu Schaden zu kommen. Typische Methoden des Terrorismus in der Zeit nach dem Sechstagekrieg 1967 waren Flugzeugentführungen, Bombenanschläge und Überfälle, also Angriffe auf zivile Ziele.

Die PLO und andere Organisationen rechtfertigten ihr Vorgehen damit, dass ihnen keine anderen Möglichkeiten bleiben würden, da sie nicht über die Mittel souveräner Staaten verfügten, die Israel auf Augenhöhe begegnen könnten. Zudem nahmen sie für sich in Anspruch, dass die gewählten Methoden moralisch legitim seien, um die »Unterdrückung des palästinensischen Volkes« zu beenden. So wurde beispielsweise der Überfall palästinensischer Terroristen auf die israelische

Israel nach dem Sechstagekrieg

Olympiamannschaft in München 1972, bei dem elf israelische Sportler und ein deutscher Polizist getötet wurden, als eine militärische Operation verteidigt, die der Welt das Leiden der Palästinenser*innen aufzeigen sollte.

1956, 1967 und 1973 kam es zu weiteren Kriegen zwischen Israel und seinen Nachbarstaaten. Besonders der bereits genannte Sechstagekrieg im Juni 1967 zeigte die israelische Überlegenheit: Israel drang dabei auf Gebiete vor, die deutlich größer als das eigene Staatsgebiet waren. Zu einem großen Teil sind diese Territorien bis heute unter israelischer Kontrolle und werden von sogenannten Siedler*innen besetzt. Bei den jüdischen Siedlungen, die heute nur noch im Westjordanland und auf den Golanhöhen bestehen, lassen sich zwei Kategorien unterscheiden: Die ersten Siedlungen wurden in der Absicht begründet, die Sicherheit des jüdischen Staates zu gewährleisten, man sicherte sich also Punkte der besetzten Gebiete, die von besonderem strategischem Wert sind. Später kamen Siedlungen hinzu, die einem oftmals religiös geprägten Zionismus entsprangen, dessen Verfechter*innen das Heilige Land nicht mit dem Staat Israel in den Grenzen von 1949 gleichsetzen, sondern das gesamte Gebiet Palästinas für sich beanspruchen, auch auf Kosten der dortigen arabischen Bevölkerung.

Der israelische Sieg 1967 scheint die arabischen Staaten in ihrer feindseligen Haltung dem jüdischen Staat gegenüber nur noch bestärkt zu haben. Statt sich um einen Kompromiss zu bemühen, setzten die arabischen Staaten auf Unnachgiebigkeit. Es brauchte zehn Jahre und einen weiteren Krieg, bis Ägypten aus der gemeinsamen Front ausbrach und einen Separatfrieden mit Israel schloss. Vorerst aber, am 6. Oktober 1973, griffen Ägypten und Syrien Israel an. Nachdem der jüdische Staat zunächst in die Defensive gedrängt worden war,

V. l. n. r.: Anwar as-Sadat (Ägypten), Jimmy Carter (USA) und Menachem Begin (Israel) nach der Unterzeichnung des Friedensvertrags zwischen Israel und Ägypten.

konnte er sich nach einer Woche, auch dank westlicher Militärhilfe, letztlich behaupten und zum Gegenangriff übergehen: Allerdings setzten nun die beiden Supermächte USA und UdSSR gemeinsam eine diplomatische Lösung durch, sodass am 25. Oktober ein Waffenstillstand in Kraft trat, bevor Israel weitere Geländegewinne erzielen konnte.

Somit konnte der Ausgang des Krieges als ein Unentschieden gelten. Das beflügelte das arabische Selbstbewusstsein und trug dazu bei, dass Ägypten einen Schritt auf Israel zuging. 1979 wurde im Camp-David-Abkommen der Frieden mit

Israel besiegelt. Für die führende arabische Macht hatte das zwei Folgen: Zum einen isolierte Ägypten sich von den übrigen arabischen Staaten, zum anderen wurde es ein wichtiger Partner für die USA, die es wirtschaftlich und militärisch unterstützten. Für Israel bedeutete der Vertrag mit Ägypten, dass zumindest an einer Grenze weitgehend Ruhe einkehrte. Allerdings entspannte sich die Situation insgesamt nicht wesentlich: 1975 begann im Libanon ein Bürgerkrieg unter Beteiligung der dort ansässigen Palästinenser*innen, was ein Eingreifen Israels seit 1978 und die Besetzung des südlichen Libanon zwischen 1982 und 2000 zur Folge hatte. Hinzu kommt, dass viele Probleme, die im Rahmen des israelisch-ägyptischen Friedensvertrages gelöst werden sollten, entweder nicht angegangen wurden oder noch nicht aus dem Weg geräumt werden konnten.

Ein Beispiel dafür kam schon bei den Verhandlungen zwischen Israel und Ägypten in Camp David 1978 zur Sprache: In einem vorläufigen Abkommen, das die Rahmenbedingungen eines Friedensvertrages abstecken sollte, war auch eine Lösung des israelisch-palästinensischen Konfliktes angestrebt worden. Ägypten war es wichtig gewesen, sich nicht nur mit Israel zu einigen, sondern auch als Fürsprecher der Palästinenser*innen aufzutreten. Sein Vorschlag lautete, den besetzten Gebieten, die nicht an Ägypten zurückgehen sollten und von Palästinenser*innen bewohnt wurden, eine fünfjährige Autonomie zu gewähren, um anschließend in weiteren Verhandlungen mit palästinensischen Vertretern und anderen arabischen Staaten eine endgültige Regelung zu finden. Dieses Rahmenabkommen wurde niemals realisiert, was zum einen am Unwillen der israelischen Regierung lag, in der Palästinenserfrage Kompromisse einzugehen, zum anderen an der feindseligen Haltung, die die arabischen Staaten und palästinensische Vertreter gegenüber dem Friedensprozess einnahmen.

Ein anderes, viel späteres Beispiel stellt das Oslo-Abkommen dar, das ab 1992 ausgehandelt wurde: Nachdem zum ersten Mal direkte Gespräche zwischen Israel und Palästinenser*innen stattgefunden hatten, wurde die PLO nicht nur als legitime Vertreterin der palästinensischen Bevölkerung anerkannt, sondern es wurde auch die Einrichtung der Palästinensischen Autonomiebehörde vereinbart. Diese Körperschaft sollte eine Selbstverwaltung der besetzten Gebiete und vielleicht sogar die Gründung eines unabhängigen Staates Palästina ermöglichen. In der Folgezeit zeigten sich jedoch zwei Problemfelder: Auch diese Vereinbarungen konnten das gegenseitige Misstrauen nicht überwinden, zumal sich die unterschiedlichen Zielsetzungen der beiden Verhandlungsparteien immer wieder als Hemmschuh herausstellten: Die Palästinenser bestanden darauf, dass die Verhandlungen zu einem unabhängigen Staat Palästina führen sollten, der den Gazastreifen und die Westbank einschließlich Ostjerusalem mit den heiligen Stätten des Islam umfassen sollte. Für die israelische Seite spielten eigene Sicherheitsinteressen eine wichtige Rolle, die durch einen unabhängigen Staat Palästina gefährdet werden konnten. Auch die territoriale Frage ließ sich nicht ohne weiteres lösen, da Israel sich weigerte, Siedlungen in der Westbank entweder aufzulösen oder unter palästinensische Kontrolle zu stellen. Zudem wurden bestimmte Gebiete als strategisch wichtig für die Verteidigung Israels gegen Angriffe von außen betrachtet, sodass auch in dieser Frage deutliche Differenzen bestanden. Außerdem lehnte Israel eine Teilung Jerusalems kategorisch ab, zumal die jüdischen und muslimischen heiligen Stätten kaum voneinander zu trennen sind.

Jitzchak Rabin (Israel), Bill Clinton (USA) und Jassir Arafat (PLO) nach der Unterzeichnung des Oslo-Abkommens

Das andere Problem stellt der palästinensische Terror dar, der durch den Friedensprozess nicht beendet wurde: Es gab und gibt weiterhin palästinensische Gruppierungen, die eine Verhandlungslösung mit Israel strikt ablehnen und alles dafür tun, sie durch Anschläge zu torpedieren. Die Haltung der Palästinensischen Autonomiebehörde erweist sich diesen Gruppierungen gegenüber als ambivalent: Einerseits verurteilt sie die Anschläge, andererseits unternimmt sie nur wenig, um die Täter in die Schranken zu weisen, vielleicht auch aus Angst vor einem innerpalästinensischen Bürgerkrieg. Damit fördert sie jedoch auch den israelischen Argwohn, die palästinensische Seite könnten es mit den Verhandlungen nicht ernst meinen. Diese Meinung wurde zuletzt im Oktober 2023 dadurch bestätigt, dass die Palästinensische Autonomiebehörde den Angriff auf Israel durch die Hamas rechtfertigte.

Gleichwohl änderte sich das israelisch-arabische Verhältnis mit dem Oslo-Abkommen grundlegend: Ägypten war jetzt nicht mehr der Paria unter den arabischen Staaten, auch Jordanien erklärte sich bereit zu einem Friedensvertrag mit Israel. Andere Staaten wie beispielsweise Marokko und die Vereinigten Arabischen Emirate gingen zwar nicht so weit, nahmen jedoch diplomatische und wirtschaftliche Beziehungen auf.

Antisemitismus im Nahen Osten

Allerdings konnten weder die Friedensverträge noch die wirtschaftlichen Kontakte mit Israel die Beziehungen normalisieren. Bis heute ist es relativ leicht, die Bevölkerung muslimischer Länder gegen Israel aufzuwiegeln, wobei auch deren jahrzehntelange Indoktrination eine Rolle spielt. Antisemitische und antiisraelische Inhalte finden sich seit langem in arabischen Schulbüchern, aber auch in Fernsehserien und vor allem in der Presse der Länder, die sich weiterhin als Feinde Israels betrachten. Diese Ausrichtung wird dadurch begünstigt, dass in der gesamten arabischen Welt keine freie Presselandschaft existiert, wie wir sie gewohnt sind. Zwar gibt es deutliche Abstufungen der Möglichkeiten, unterschiedliche Meinungen zum Ausdruck zu bringen, so ist beispielsweise die libanesische Presse deutlich vielfältiger als die syrische, aber alle Publikationen unterliegen staatlicher Kontrolle. Dabei stellt sich aber auch die Frage, ob antiisraelische Agenda wirklich nur auf staatlichen Druck hin betrieben wird oder nicht auch von weiten Teilen der Bevölkerung getragen wird.

Der arabische Antisemitismus speist sich aus mehreren Quellen: Erstens spielt der Nahostkonflikt selbst eine wichtige Rolle, das heißt, der Staat Israel wird dämonisiert und die Konfliktsituation als Begründung für die Defizite im eigenen Land herangezogen. Dieses Verhalten findet man nicht nur in Staaten, die unmittelbar am Nahostkonflikt beteiligt sind, wie in Syrien oder dem Libanon, sondern auch in Staaten, die sich schon rein geographisch nicht in der eigentlichen Konfliktzone befinden, wie beispielsweise Tunesien. Letztlich ist es ein Mittel der herrschenden Gruppen, vom eigenen Versagen abzulenken und einen Sündenbock zu schaffen, ähnlich, wie man auch die USA für alle Fehlentwicklungen verantwortlich macht.

Daneben war diese Form des Antisemitismus gerade in den 1970er und 1980er Jahren Triebfeder für Anschläge militanter Gruppierungen. Beispielsweise griffen die PLO und andere palästinensische Organisationen Israel*innen, aber auch Jüd*innen im Allgemeinen an, die sie für Handlanger*innen oder Sympathisant*innen israelischer Politik hielten. Während der Flugzeugentführung von Entebbe im Jahre 1976 unterteilten die Geiselnehmer*innen, eine Gruppe bestehend aus Arabern und Deutschen, ihre Gefangenen in Jüd*innen und Nichtjüd*innen, sie machten also keinen Unterschied zwischen Jüd*innen und Israel*innen, da man ersteren entweder eine zusätzliche israelische Staatsbürgerschaft oder zumindest eine besondere Nähe zum Staat Israel unterstellte. Auch bei antiisraelischen Demonstrationen in Deutschland in der Zeit um 2020 wurde nicht zwischen Israel*innen und Jüd*innen unterschieden, was die Behauptung vieler Unterstützer*innen antiisraelischer Positionen, es handele sich um Antizionismus und nicht um Antisemitismus, entkräftet. Dabei muss man feststellen, dass die antisemitischen Ansichten nicht nur von

Araber*innen, sondern auch von anderen Muslim*innen geteilt werden.

Die zweite Quelle ist der Islam: Das Verhältnis zwischen Muslim*innen und anderen Monotheist*innen, also Jüd*innen und Christ*innen, wird im Koran widersprüchlich geschildert: Es gibt Passagen, die sich durchaus positiv deuten lassen, aber auch deutlich negativ konnotierte Stellen. In Bezug auf die Jüd*innen wird oft der im Koran geschilderte Konflikt zwischen jüdischen Stämmen in Medina und Muhammad, dem Begründer des Islam, der mit der Vertreibung oder Vernichtung dieser Stämme durch die Muslim*innen endete, als eine Begründung für die Ablehnung der jüdischen Religion genannt.

Die dritte Quelle ist der Import antisemitischer Stereotype aus der westlichen Welt. Im Allgemeinen unterschied sich der Antisemitismus in der islamischen Welt deutlich von dem im christlichen Europa; die erwähnte Feindschaft zwischen Muhammad und den jüdischen Stämmen spielte zwar eine gewisse Rolle im muslimischen Denken, hatte aber bei Weitem nicht dieselben Konsequenzen wie der christliche Vorwurf, die Jüd*innen hätten Jesus getötet und sich damit des Gottesmordes schuldig gemacht. Im Mittelalter erwuchsen daraus gar Gerüchte, dass Jüd*innen kleine Kinder, in ihrer Unschuld die Verkörperung Jesu Christi, töten würden, um mit deren Blut Pessachbrote zuzubereiten. Diese sogenannte Ritualmordlegende fand im 19. Jahrhundert Eingang in die arabische Welt, als christliche Missionare in Damaskus im Jahre 1860 Jüd*innen einen entsprechenden Mord vorwarfen. Diese sogenannte Damaskus-Affäre sorgte auch in muslimischen Kreisen für Aufsehen. In den 1980er Jahren wurde sie vom syrischen Verteidigungsminister Mustafa Tlass in einem Buch verbreitet, das große Beachtung in der arabischen Welt fand. Noch im 21. Jahrhundert war diese Unterstellung Thema einer arabischen Fernsehserie. Auch finden sich immer wieder Karikaturen von bluttrinkenden israelischen Soldat*innen, oft noch angereichert um Symbole des orthodoxen Judentums, die antisemitische Klischees des Ritualmordes mit Agitation gegen den Staat Israel vermischen. Ein Beispiel dafür fand sich im Jahre 2022 in einem Werk einer indonesischen Künstler*innengruppe auf der Documenta in Kassel.

Ein zweiter Import ist die Legende von einer jüdischen Weltverschwörung, die letztlich auf in der westlichen Welt verbreitete Pamphlete des späten 19. und des frühen 20. Jahrhunderts zurückgehen. Dabei wird gerne behauptet, dass die USA durch Israel beherrscht würden und in ihren Entscheidungen nicht frei, sondern lediglich eine sehr mächtige Marionette Israels seien. So lassen sich die Abneigungen gegen Israel und die USA miteinander verbinden.

Im Rahmen der Diskussionen um den Nahostkonflikt hat sich in Deutschland der Begriff »Israelkritik« etabliert, der eigentlich einen Euphemismus darstellt. Denn es geht in den Äußerungen, die unter diesem Terminus zusammengefasst werden, weniger um Kritik am Staat Israel oder seiner Regierung als vielmehr darum, Hass auf den Staat Israel zum Ausdruck zu bringen. Dabei wird Israel die Alleinschuld am Nahostkonflikt gegeben und ihm das Existenzrecht abgesprochen. Die Maßnahmen der israelischen Regierung im Konflikt mit den Palästinenser*innen werden gerne mit denen des nationalsozialistischen Deutschland gleichgesetzt, indem man ihr eine »Vernichtungspolitik« gegenüber den Palästinenser*innen unterstellt. Zugleich wirft man Israel eine Apartheidpolitik vor, die an die Zustände in Südafrika vor 1990 erinnere. Das

Agieren der arabischen Seite wird dagegen nicht thematisiert und schon gar nicht kritisiert. Im entsprechenden Narrativ erscheinen die Israel*innen als Täter*innen und die Araber*innen, vor allem die Palästinenser*innen, als Opfer.

Gleichzeitig halten sich die Verfechter*innen der »Israelkritik« für Tabubrecher*innen, weil sie sich trauen, das auszusprechen, was man angeblich nicht öffentlich sagen dürfe. Neutrale Beobachter*innen stehen diesem Verhalten oft hilflos gegenüber, wie sich in vielen öffentlichen Diskussionen darüber zeigt, ob man den Staat Israel kritisieren dürfe. Dabei wird übersehen, dass es bei der »Israelkritik« eben nicht darum geht, Kritik zu üben, sondern zu diffamieren. Solche abwertenden Äußerungen finden sich auch bei hochrangigen Vertreter*innen der Palästinensischen Autonomiebehörde. So warf deren Präsident Mahmud Abbas bei einem Besuch in Deutschland im August 2022 Israel vor, »fünfzig Holocausts an Palästinensern« begangen zu haben. Damit setzte er die Ereignisse der als *Nakba* (›Katastrophe‹) bezeichneten Tötung und Vertreibung arabischer Einwohner*innen bei der Gründung des Staates Israel mit der deutschen Judenvernichtung gleich. Obwohl er einen Tag später seine Aussagen relativierte, ist die Intention klar: Die palästinensische Seite möchte sich als Opfer der israelischen Aggression sehen, wobei der Holocaust als einer der Gründe für die Existenz des jüdischen Staates infrage gestellt bzw. bagatellisiert wird, um eine Art moralische Gleichheit zu erreichen. Zugleich sollen damit Fragen nach der eigenen terroristischen Vergangenheit der palästinensischen Organisation im Keim erstickt werden.

Mit dieser Einseitigkeit argumentieren auch Gruppierungen wie BDS (*Boycott, Divestment and Sanctions*), die zu einem vollständigen Boykott israelischer Produkte, zu einer wirtschaftlichen Isolierung Israels und zur Einstellung aller persönlichen Kontakte zu Bürger*innen des Staates Israel aufrufen. Das schließt israelische Firmen mit ein, die im Westjordanland Produktionsstätten betreiben und damit Palästinenser*innen die Möglichkeit bieten, in dieser Region, die von Arbeitslosigkeit und Armut geprägt ist, ein Einkommen zu erzielen, so aber dazu gebracht werden, die Fabriken zu schließen. Angesichts dessen stellt sich die Frage, ob diese Forderungen tatsächlich dem Wunsche entspringen, die Situation der Palästinenser*innen zu verbessern, oder eher den Hass auf Israel widerspiegeln. In Europa haben sich mehrere Parlamente, auch der Deutsche Bundestag, von BDS distanziert und die Organisation als antisemitisch eingestuft, während sie in anderen Ländern durch die Meinungsfreiheit geschützt wird.

Die Türkei: Vom Streben nach Europa zur nahöstlichen Hegemonialmacht

Nach dem Ende des Osmanischen Reiches und der Herausbildung der türkischen Republik wurde diese zunächst von ihrem Präsidenten Mustafa Kemal Pascha (1881–1938), genannt *Atatürk* ›Vater der Türken‹), auf westlichen Kurs gebracht. Atatürk identifizierte den Islam als Ursache für das Scheitern des Osmanischen Reiches. Seiner Meinung nach musste die junge Republik, die anders als ihr Vorgängergebilde als Nationalstaat definiert wurde, vor allem von Europa lernen. So wurden weite Teile des Zivil- und Strafrechts nach Schweizer Vorbild organisiert und der Einfluss der islamischen Geistlichkeit zurückgedrängt. Im Jahre 1928 erfolgte mit der Schriftreform der endgültige Bruch mit der Vergangenheit: Statt wie bisher mit

Mustafa Kemal Atatürk
in den 1930er Jahren

arabischer Schrift wurde die türkische Sprache nun mit lateinischen Buchstaben wiedergegeben. Mit dieser weiteren Annäherung an die westliche Welt wollte Atatürk die Modernität seiner Türkei demonstrieren. Zugleich wurde die Sprache von vielen Elementen des Osmanischen bereinigt, arabische und persische Begriffe wurden durch türkische Neubildungen und Lehnwörter aus europäischen Sprachen (vor allem dem Französischen) ersetzt. Auch orientalische Kleidung wurde per Gesetz durch westliche Mode abgelöst; speziell die Frage, ob man westliche oder traditionelle Hüte tragen solle, führte zu Bekenntnissen zum Islam oder zu einem laizistischen Staat. Das islamische Bekenntnis wurde nicht verboten, aber die Religionsausübung streng reglementiert. Für Frauen forderte Atatürk die Abschaffung des Kopftuches, was ebenfalls nur teilweise gelang. Gerade in den ländlichen Gebieten konnten sich die traditionelleren Formen der Bekleidung halten.

Zugleich wurde die Türkei als Nationalstaat definiert, das heißt als Staat der Türk*innen, was einen deutlichen Unterschied zum Osmanischen Reich darstellt, das als Staat verschiedener Nationen eher der Definition eines Imperiums entsprochen hatte, wie man es auch von Österreich-Ungarn kannte: Verschiedene Völker waren von einem einzigen Herrscherhaus regiert worden, das ihnen durchaus individuelle Gestaltungsmöglichkeiten eingeräumt hatte. Gerade nach dem Ersten Weltkrieg zerfielen solche Imperien, da das wachsende Selbstbewusstsein der einzelnen Nationen eine Fortsetzung dieses Konzeptes unmöglich machte: Vereinfacht könnte man sagen, dass das veraltete Imperium durch den modernen Nationalstaat abgelöst wurde, der – jedenfalls in der Theorie – weniger Konfliktpotential zu bergen schien. Allerdings bedeutet das Fehlen ethnischer Rivalitäten im Inneren keineswegs, dass es in dieser Staatsform keine Konflikte gab. Dazu kam in der Türkei noch ein weiterer Punkt: Obwohl sich die Türkei als Nationalstaat definiert, leben dort keineswegs nur Türk*innen; die wichtigste und auch bekannteste ethnische Minderheit stellen die Kurd*innen dar.

Nach dem Ersten Weltkrieg war die Türkei bis 1938 ein Einparteienstaat unter der Führung von Mustafa Kemal Pascha gewesen. Danach hatte sie sich unter İsmet İnönü zu einem Mehrparteiensystem entwickelt, das sich allerdings, anders als sein Vorgängersystem, nicht stabilisieren konnte: Das Militär versteht sich bis heute als Hüter des Kemalismus, der Doktrin, die die Grundlage des türkischen Staates bildet und deren wichtigste Elemente Laizismus, Nationalismus und das Streben nach einer westlichen Gesellschaft darstellen. Immer, wenn die Generalität dieses Erbe in Gefahr wähnte, kam es zu Umstürzen, kurzzeitigen Diktaturen und Verboten der bisherigen Parteien: In den Jahren 1960, 1971 und 1980 putschte sich das Militär an die Macht, jedes Mal aus anderen konkreten Anlässen, aber immer mit dem Ziel, die Lage im Land zu stabilisieren. Danach musste die Demokratie jedes Mal neu aufgebaut werden, immer auch mit dem Hintergedanken, dass eine weitere Krise zu einem erneuten Putsch führen könnte.

Mit der Präsidentschaft von Recep Tayyip Erdoğan seit 2014 setzte allerdings eine neue Phase in der türkischen Republik ein: Erdoğan bekennt sich offen zu einer Form des Islamismus, was eigentlich den Prinzipien Atatürks widerspricht, und fördert Bestrebungen, den Islam in der Türkei wieder zu einem Teil des öffentlichen Lebens zu machen, was sich auch darin zeigt, dass das Kopftuch wieder zu einem wichtigen Bestandteil der weiblichen Kleidung wurde. Diesbezüglich beschränkt sich Erdoğan nicht auf die Türkei, sondern versucht, seinen Einfluss auf im Ausland lebende Türken auszudehnen: Dabei spielt vor allem das Präsidium für Religionsangelegenheiten (nach dem ersten Wort im Türkischen meist kurz als *Diyanet* bezeichnet) eine wichtige Rolle. Diese Behörde, die direkt dem Staatspräsidenten untersteht und deren Aufgabe ursprünglich darin bestand, den Islam zu kontrollieren und ihn mehr oder weniger aus dem öffentlichen Leben herauszuhalten, verfolgt jetzt das Ziel, über türkische Moscheen vor allem in Westeuropa unter den Auslandstürken Propaganda für die Politik Erdoğans zu machen. In der Regel werden die Imame der Moscheen in der Türkei ausgebildet und vom *Diyanet* für den jeweiligen Einsatzort ausgewählt. Zugleich setzt Erdoğan in seiner Außenpolitik deutlich nationalistische Akzente, die das »osmanische Erbe« in den Vordergrund stellen und von den benachbarten Staaten mit Argwohn betrachtet werden, da sie sich als potentielle Opfer eines türkischen Hegemonialstrebens sehen. Auch in Bezug auf Israel, das in der Vergangenheit gute Beziehungen zur Türkei unterhielt, da sich beide Staaten in Opposition zur arabischen Welt sahen, änderte Erdoğan die politische Richtung, indem er deutlich kritischere Töne dem jüdischen Staat gegenüber anschlägt und die Gemeinschaft aller Muslim*innen (natürlich unter türkischer Oberhoheit) betont.

Die Kurd*innen

Die wichtigste nationale Minderheit innerhalb der Türkischen Republik sind wie erwähnt die Kurd*innen: Während das Türkische, das auch die offizielle Staatssprache ist, zu den Turksprachen gehört, ist das Kurdische beispielsweise mit dem Persischen verwandt und gehört zur indogermanischen Sprachfamilie. Neben der Sprache gibt es auch kulturelle Unterschiede. All dies führt dazu, dass sich Kurd*innen nicht als Teil der türkischen Nation sehen können, weshalb einige eine Anerkennung als ethnische Minderheit in der Türkei und andere einen eigenen kurdischen Staat fordern. Hinzu kommt ein Zusammengehörigkeitsgefühl mit den Kurd*innen, die in den Nachbarstaaten Iran, Irak und Syrien leben. Gerade die Kurd*innen aus dem Irak sind neben denen aus der Türkei besonders bedacht auf die eigene Unabhängigkeit.

In der Türkei kamen diese Bestrebungen vor allem in der Arbeiterpartei Kurdistans (PKK) zum Ausdruck, die sich in den 1970er Jahren gebildet hatte und den Kampf um einen unabhängigen kurdischen Staat mit einem marxistisch-leninistischen Programm verband. Dieser Kampf fand nicht nur auf politischer Ebene statt, die PKK setzte ausdrücklich von Anfang an auch auf Gewalt und forderte den türkischen Staat u. a. durch Guerillaaktivitäten heraus. Diese richteten sich nicht nur auf Armeeangehörige, sondern auch auf Zivilist*innen; neben Anschlägen auf Soldaten wurden in den achtziger und neunziger Jahren auch Dörfer angegriffen und Personen ermordet, die in Opposition zur PKK standen. Die Gegenschläge des türkischen Staates wurden ebenfalls ohne Rücksicht auf Unbeteiligte durchgeführt.

In den letzten Jahren hat die PKK an Bedeutung verloren, sie ist in der Türkei verboten und viele ihrer Führungskader sitzen im Gefängnis. Anderen kurdischen Organisationen ist es dagegen vor allem im Irak gelungen, nach dem Einmarsch der von den USA geführten Koalition im Jahre 2003 ein funktionierendes autonomes Gemeinwesen aufzubauen. Allerdings war auch dieser Weg sehr schwierig: Bereits in den 1930er Jahren hatten die Kurd*innen im Nordirak für ihre nationalen Rechte gekämpft. 1970 wurde ein Autonomieabkommen zwischen der irakischen Regierung und den Rebellen der Demokratischen Partei Kurdistans (DPK) geschlossen, das allerdings vier Jahre später widerrufen wurde, was wiederum zu bewaffneten Auseinandersetzungen führte. Seit 1975 werden die Kurd*innen von zwei großen Organisationen repräsentiert, der bereits 1946 gegründeten DPK und der Patriotischen Union Kurdistans (PUK), die sich von der DPK abgespalten hat. De facto stehen beide Organisationen unter Kontrolle der beiden wichtigsten kurdischen Familien des Irak, die DPK wird von den Barzanis, die PUK von den Talabanis geführt. Zusätzlich zur Verfolgung durch die irakische Zentralregierung bekämpften sich beide Parteien auch lange Zeit untereinander.

Als sich im Zuge des Zweiten Golfkrieges die Aussicht auf eine faktische Autonomie unter dem Schutz der USA abzeichnete, die die irakische Armee daran hinderten, im Nordirak einzugreifen, teilten beide Gruppen das Gebiet unter sich auf. Diese Autonomie konnte nach 2003 konsolidiert werden, DPK und PUK fanden einen Weg, den Nordirak gemeinsam zu regieren. Ab 2014 waren die bewaffneten Kräfte des kurdischen Nordirak ein wichtiger Verbündeter der irakischen Zentralregierung gegen den Islamischen Staat, der sich in dieser Zeit im Irak ausbreitete. Allerdings strebte die kurdische Autonomieregierung weiterhin eine Unabhängigkeit des Nordirak an. Im Jahre 2017 wurde ein Referendum eingehalten, das zwar eine große Mehrheit für einen kurdischen Staat ergab, allerdings von der irakischen Zentralregierung nicht anerkannt wurde, zumal auch internationale Beobachter Zweifel daran äußerten, ob dieses Referendum demokratischen Standards genüge. Nach vereinzelten Kämpfen mit der irakischen Armee einigte man sich darauf, den jetzigen Zustand der Autonomie vorläufig beizubehalten.

Gleichzeitig dienen die kurdischen Gebiete im Irak und in Syrien der PKK als Rückzugsraum, der immer wieder von der Türkei angegriffen wird. Praktisch geht es der Türkei vor allem darum, Pufferzonen zu den eigenen Grenzen zu schaffen, aus denen sie die PKK fernhalten will.

Der Iran auf der Suche nach Modernität

Ähnlich wie die Türkei erlebte auch der Iran nach dem Ersten Weltkrieg eine Phase der Modernisierung, wobei gerade das Wirken Atatürks für Reza Schah Pahlavi (1878–1944) ein

Reza Schah Pahlavi

wichtiges Vorbild darstellte. Reza Chan, wie er vor seinem Aufstieg zum Herrscher des Iran hieß, war Offizier der persischen Kosakenbrigade, einer Einheit, die ursprünglich von Russen kommandiert worden war. Als diese jedoch nach der Oktoberrevolution 1917 über keinerlei Legitimation mehr verfügten und durch persische Offiziere ersetzt wurden, erhielt Reza Chan dank britischer Einflussnahme das Kommando. 1921 marschierte er mit seinen Kosaken in Teheran ein und übernahm die Macht im Iran, zunächst als Verteidigungsminister, ab 1923 als Ministerpräsident. Bereits als Verteidigungsminister sorgte er für eine Reform der Armee und die Unterdrückung verschiedener Aufstände, die durch den Staatsstreich von 1921 ausgelöst worden waren, wobei auch die Revolution in Russland einen gewissen Einfluss auf separatistische Tendenzen in Teilen des Iran ausübte. Nach seiner Ernennung zum Ministerpräsidenten verließ der letzte Kadscharen-Herrscher Ahmad Schah das Land, sodass Reza Chan zunächst mit diktatorischen Vollmachten regieren konnte. 1925 wurde Ahmad Schah endgültig vom iranischen Parlament abgesetzt und Reza Chan als sein Nachfolger proklamiert. Im Jahr darauf ließ er sich als Reza Schah Pahlavi krönen.

Der neue Herrscher drängte den britischen und russischen Einfluss zurück, schuf einen stark zentralisierten Staat, reformierte das Rechtswesen und unternahm wichtige Projekte zur Förderung der Infrastruktur und eines modernen Bildungswesens. 1935 wurden Gesetze erlassen, die der Bevölkerung westliche Kleidung vorschrieben, der traditionelle Schleier (Tschador) der Frauen wurde ein Jahr später verboten. 1933 gelang es, ein neues Abkommen mit den britischen Ölförderfirmen zu schließen, das für den Iran deutlich vorteilhafter als das vorherige war: Unter anderem konnten nun iranische Techniker in Großbritannien als Ingenieure ausgebildet werden und Stellen besetzen, die zuvor von Briten ausgefüllt worden waren.

Im Jahr 1941 wurde der Iran von der Sowjetunion und Großbritannien in einer gemeinsamen Aktion besetzt, da er gute wirtschaftliche Beziehungen zum nationalsozialistischen Deutschen Reich pflegte. Dessen Einfluss auf das Land sollte nach dem deutschen Überfall auf die Sowjetunion beschnitten werden, damit Adolf Hitler keine weitere Front eröffnen konnte. Reza Schah Pahlavi dankte zugunsten seines Sohnes Mohammad Reza Pahlavi (1919–1980) ab. Dieser näherte sich nach dem Zweiten Weltkrieg an die USA an und genoss deren Unterstützung auch, als er in den 1950er Jahren Gefahr lief, seine Macht zu verlieren, da sich Mossadegh gegen ihn positionierte (s. Kapitel 2, S. 14 f.) Gleichzeitig setzte der Herrscher die prowestlichen Reformen seines Vaters fort. Allerdings gelang es ihm nicht, die sozialen Probleme zu lösen, wobei seine Zurschaustellung der eigenen Macht und der Prunk seiner Kaiserkrönung im Jahre 1971 deutlich zeigten, wie weit er sich von seinem Volk und dessen Problemen entfernt hatte.

Das Verhältnis des Iran zu seinem irakischen Nachbarn war bereits in den Zeiten vor der islamischen Republik problematisch. Beide Seiten versuchten immer wieder, den anderen zu destabilisieren, wobei die Situation der Kurd*innen und anderer nationaler Minderheiten, die in beiden Staaten nie wirklich zufriedenstellend war, genutzt wurde, um auf den jeweils anderen Druck auszuüben. Dabei zeichneten sich bestimmte Mechanismen ab: Der Iran unterstützte die Kurd*innen im Irak in ihrem Kampf gegen die dortige Regierung, aber sobald man mit dem Irak zu einer gewissen Verständigung gekommen war, ließ man den Verbündeten sofort fallen. Der Iran unterhielt unter dem Schah freundliche Beziehungen zur Türkei und zu Israel: Alle drei Staaten standen in Opposition zur arabischen Welt und sahen in einer Zusammenarbeit die beste Möglichkeit, ihre eigene Position in der Region zu behaupten. Gleichzeitig fühlte sich die arabische Welt durch Irans Streben nach Hegemonie bedroht.

Die bereits erwähnten sozialen Probleme führten 1978/79 zum Sturz der Monarchie und zur Errichtung der Islamischen Republik Iran. Die Machtbasis der iranischen Monarchie war nicht stabil genug, um sich auf Dauer durchzusetzen. Zugleich zeigte der Umsturz die Stärke der religiösen Opposition, die sich auch gegen bürgerliche und linke Gruppierungen, die für eine weltliche Republik kämpften, durchsetzen konnte.

Zeittafel

16. Mai 1916	*Sykes-Picot-Abkommen* zur Teilung des Nahen Ostens in Interessenssphären durch Großbritannien, Frankreich und Italien.
2. November 1917	*Balfour-Deklaration*: Anerkennung der zionistischen Bestrebungen durch Großbritannien.
9. Dezember 1917	Britischer Einmarsch in Jerusalem.
19. Mai 1919 – 29. Oktober 1923	Türkischer Befreiungskrieg.
25. April 1920	Palästina wird britisches Völkerbundsmandat.
10. August 1920	*Vertrag von Sèvres*: Aufteilung des Osmanischen Reiches.
11. April 1921	Transjordanien wird als britisches Protektorat begründet.
28. Februar 1922	Unabhängigkeit Ägyptens.
24. Juli 1923	*Vertrag von Lausanne*: Die Türkei wird völkerrechtlich anerkannt.
23. Dezember 1925	Reza Chan wird Staatsoberhaupt des Iran und regiert als Reza Schah.
1936–1939	Arabischer Aufstand gegen die jüdische Besiedlung Palästinas und die britische Mandatsmacht.
1937	Teilungsplan der *Peel-Kommission*: Palästina soll in einen jüdischen und einen arabischen Staat geteilt werden, während Jerusalem und Bethlehem mit einer Verbindung zum Mittelmeer britisches Mandat bleiben sollen.
16. September 1941	Reza Schah muss nach der britischen und sowjetischen Besetzung des Iran abdanken, sein Sohn Mohammad Reza wird neuer Schah.

28. September 2000 Ein Besuch des Oppositionsführers Ariel Scharon auf dem Tempelberg löst die *Zweite Intifada* aus.

20. März 2003 – 1. Mai 2003 *Dritter Golfkrieg*: die USA und Verbündete stürzen das Regime Saddam Husseins.

18. Juni 2004 Beginn des bis heute andauernden Bürgerkriegs im Jemen.

8. Februar 2005 Waffenruhe zwischen Israel, PLO und *Hamas* zur Beendigung der *Zweiten Intifada*.

12. September 2005 Räumung des Gazastreifens durch Israel abgeschlossen.

7.–15. Juni 2007 *Hamas* übernimmt die Macht im Gazastreifen.

28. Juni – 26. November 2006 *Israel-Gaza-Konflikt*: Auseinandersetzungen zwischen Israel und *Hamas*.

12. Juli – 14. August 2006 *Zweiter Libanonkrieg*: eine weitere Auseinandersetzung zwischen Israel und der Hisbollah.

27. Dezember 2008 – 18. Januar 2009 *Gazakrieg* Israels gegen die *Hamas*.

13. Juni 2009 – 7. Dezember 2010 Unruhen nach den Präsidentschaftswahlen im Iran.

17. Dezember 2010 – 28. Mai 2014 *Arabischer Frühling*.

15. März 2011 Beginn des bis heute andauernden Bürgerkriegs in Syrien.

28. Dezember 2017 – 4. Januar 2018 Wirtschaftliche Probleme führen im Iran zu Protesten.

16. September 2022 Beginn erneuter Unruhen im Iran nach dem Tod einer jungen Frau in Polizeigewahrsam.

7. Oktober 2023 Großangelegter Überfall der Hamas auf den Süden Israels.

9. Dezember 1987	Beginn der *Ersten Intifada*.
22. Mai 1990	Nord- und Südjemen vereinigen sich.
2. August 1990 – 28. Februar 1991	*Zweiter Golfkrieg*: alliierte Truppen unter Führung der USA befreien Kuwait von der irakischen Besatzung.
30. Oktober 1991	Beginn der Konferenz von Madrid zur Lösung des israelisch-palästinensischen Konfliktes.
13. September 1993	Prinzipienerklärung über eine vorübergehende Selbstverwaltung der palästinensischen Gebiete.
4. Mai 1994	*Gaza-Jericho-Abkommen* (Oslo-Abkommen).
26. Oktober 1994	Friedensvertrag zwischen Israel und Jordanien.
24. September 1995	Interimsabkommen über das Westjordanland und den Gazastreifen.
11.–17. April 1996	Operation *Früchte des Zorns*: Israel geht gegen die Hisbollah im Südlibanon vor, der Erfolg ist eher mäßig.
17. Januar 1997	Unterzeichnung des *Hebron-Protokolls*: Teilung Hebrons in eine israelisch und eine palästinensisch verwaltete Zone.
23. Oktober 1998	*Wye-Abkommen*: Israel zieht Truppen aus dem Westjordanland ab und übergibt weitere Gebiete an die Palästinenser.
24. Mai 2000	Rückzug aus dem Südlibanon durch die israelische Armee.
11.–25. Juli 2000	Gespräche in Camp David zur Lösung des israelisch-palästinensischen Konfliktes scheitern.

5.–10. Juni 1967 *Sechstagekrieg*: Israel besetzt die Sinaihalbinsel, den Gazastreifen, das Westjordanland und den Golan.

22. November 1967 Resolution 242 des Sicherheitsrats der Vereinten Nationen ruft zum Rückzug Israels aus den besetzten Gebieten auf.

30. November 1967 Unabhängigkeit des Südjemen.

1. Juli 1968 – 7. August 1970 *Abnutzungskrieg*: eine Reihe von militärischen Auseinandersetzungen zwischen Israel und Ägypten.

6.–26. Oktober 1973 *Jom-Kippur-Krieg*: Ägypten und Syrien greifen Israel an, der Krieg endet auf internationalen Druck mit einem Patt.

3./4. Juli 1976 *Operation Entebbe*: Geiseln einer Flugzeugentführung durch palästinensische und deutsche Terroristen werden von israelischen Truppen befreit.

7. Januar 1978 – 11. Februar 1979: Islamische Revolution im Iran: Sturz des Schahs und Errichtung einer islamischen Republik.

17. September 1978 *Abkommen von Camp David* zur Vorbereitung eines Friedensvertrages zwischen Israel und Ägypten.

26. März 1979 Friedensvertrag zwischen Israel und Ägypten.

30. Juli 1980 Gesamtjerusalem wird zur untrennbaren Hauptstadt Israels erklärt.

22. September 1980 – 20. August 1988 *Erster Golfkrieg* zwischen dem Irak und dem Iran.

14. Dezember 1981 Annexion der Golanhöhen durch Israel.

6. Juni 1982 Israelischer Einmarsch im Libanon.

22. März 1945 Gründung der *Arabischen Liga.*

25. Mai 1946 Transjordanien wird unabhängig.

29. November 1947 Teilungsbeschluss der Vereinten Nationen: Teilung in einen jüdischen und einen arabischen Staat, Jerusalem soll unter internationaler Verwaltung bleiben.

14. Mai 1948 Unabhängigkeitserklärung des Staates Israel.

15. Mai 1948 Ende des britischen Mandats.

15. Mai 1948 – 11. Januar 1949 *Erster Nahostkrieg*: Israel kann sich behaupten, der Gazastreifen wird von Ägypten, das Westjordanland von Transjordanien (seitdem Jordanien) besetzt, Jerusalem wird zwischen Israel und Jordanien geteilt.

23. Juli 1952 Sturz der Monarchie in Ägypten.

19. August 1953 Der iranische Ministerpräsident Mohammad Mossadegh wird mit westlicher Hilfe gestürzt.

29. Oktober – 7. November 1956 *Suezkrise*: Israel beantwortet die Schließung der Straße von Tiran mit einem Angriff, während Frankreich und Großbritannien den nationalisierten Suezkanal besetzen.

1. Februar 1958 – 28. September 1961 *Vereinigte Arabische Republik* bestehend aus Ägypten und Syrien.

14. Februar – 15. Juli 1958 *Arabische Föderation* zwischen Jordanien und Irak.

14. Juli 1958 Sturz der Monarchie im Irak.

26. September 1962 Nordjemen wird Republik.

28. Mai 1964 Gründung der PLO als Vertretung des palästinensischen Volkes.

Religion: Sunnitischer Islamismus, schiitische Revolution, jüdischer Extremismus

Immer wieder wird der Nahostkonflikt auch als Konflikt zwischen den großen monotheistischen Religionen charakterisiert. Es wäre zwar einseitig, die Religion als den wichtigsten Streitpunkt zu nennen, aber sie spielt auf jeden Fall eine bedeutende Rolle. Eigentlich geht es dabei nur um zwei Religionen, unter denen der Islam die wichtigste ist. Nicht nur sind die meisten Einwohner*innen des Nahen Ostens Muslim*innen, auch besitzt diese Religion eine besondere Strahlkraft, die die Massen mobilisieren kann.

Gleichwohl stellt der Islam keine einheitliche Kraft dar, sondern unterteilt sich in verschiedene Richtungen, die eher selten konfliktfrei miteinander auskommen. Der sunnitische Islam ist bei Weitem die größte Gruppe, hat sich aber in verschiedene Fraktionen gespalten, und auch die weniger zahlreichen Gläubigen des schiitischen Islam sind alles andere als eine einheitliche Gruppe. Der Staat Israel, der durch das Judentum religiös und kulturell geprägt ist, definiert sich als Staat der Jüd*innen bzw. jüdischer Staat, auch wenn er allen seinen Bürger*innen ungeachtet der Religion die gleichen Rechte zugesteht: So ist es beispielsweise allen Jüd*innen der Welt möglich, sich in Israel anzusiedeln und die israelische Staatsbürgerschaft zu erhalten. Die Zahl der Anhänger*innen des Christentums ist weltweit zwar deutlich größer als die des Judentums, sie stellen aber nur eine Minderheit in der arabischen Welt dar. Letztendlich sind die Christ*innen nur im Libanon in der Lage, überhaupt als selbständiger Akteur im Nahostkonflikt aufzutreten, weswegen sie in dieser Darstellung kaum Erwähnung finden werden.

Sunnitischer Islam

Generell tendiert der sunnitische Islam zu einer gewissen konservativen Grundhaltung, Tradition spielt eine große Rolle, gerade auch in Bezug auf die Gesellschaftsordnung. Wenn westliche Ideen übernommen werden, stößt das in islamischen Kreisen eher auf Skepsis, zumal viele dieser westlichen Ideen eine Trennung zwischen religiösen und weltlichen Angelegenheiten vorsehen, die so im Islam nicht vorgesehen ist. Das soll natürlich keineswegs heißen, dass alle Sunnit*innen so denken. Auch im Nahen Osten gibt es Strömungen, die einen anderen Islam propagieren, der zwar die ethischen Leitlinien darstellen soll, aber trotzdem kein Hindernis für eine eher nach westlichem Vorbild ausgerichtete Gesellschaft darstellen muss. Was die Entwicklungen und Konflikte im Nahen Osten betrifft, so werden diese jedoch vor allem von Verfechtern einer stark traditionellen bis fundamentalistischen Auslegung des Islam geprägt. Wenn von ›traditionell‹ und ›fundamentalistisch‹ die Rede ist, handelt es sich nicht immer um einen echten Traditionalismus, der zu den Ursprüngen des Islam zurückstrebt, sondern oft um eine Form, von der bestimmte Gruppen *behaupten*, dass sie die ursprüngliche sei, die aber letztlich deren Wertvorstellungen spiegelt. Es geht ihnen nicht um die Vergangenheit, wie sie wirklich war, sondern um eine Vergangenheit, wie sie sie sich wünschen.

Ein gutes Beispiel ist die *Wahhabiya*, die Spielart des Islam, die in Saudi-Arabien Teil der staatlichen Identität ist. Die *Wahhabiya* ist eigentlich ein Produkt des 18. Jahrhunderts, also ein relativ junges Phänomen: Muhammad Ibn Abd al-Wahhab entwickelte ein islamisches Rechtssystem, das sich allein aus der Koranüberlieferung zusammen mit den gesammelten Aussprüchen des Propheten (den sogenannten *Hadithen*) ableiten sollte. Die *Wahhabiya* setzte sich zum Ziel, den Islam von allen Aspekten zu säubern, die als unislamisch empfunden wurden, wie beispielsweise der Heiligenverehrung und mystischen Orden. Es wurde unterstellt, dass diese Phänomene Neuerungen seien, die den wahren Sinn des Islam verfälschten und nichts mit Muhammads Vorstellungen der wahren Religion zu tun hätten. Zugleich machte man deutlich, dass alle anderen Formen und Bekenntnisse des Islam als »unislamisch« abgelehnt wurden. Um seine Sichtweise des Islam besser propagieren zu können, verbündete sich der Begründer der *Wahhabiya* mit der Familie des Muhammad Ibn Saud, zu dem Zeitpunkt noch eine lokale Dynastie auf der arabischen Halbinsel, der es in der Folgezeit gelang, diese nach und nach unter die eigene Kontrolle zu bringen. Als deren größter Erfolg zu werten ist die Eroberung der heiligen Städte Mekka und Medina im Jahre 1924, da seitdem das Zentrum der islamischen Welt von einer eigentlich nicht besonders starken religiösen Fraktion beherrscht wird.

Ein anderes Beispiel für sunnitischen Fundamentalismus lässt sich in Ägypten finden. Die Muslimbruderschaften, die in den 1920er Jahren entstanden waren, hatten einen anderen

Beweggrund für ihre Rückbesinnung auf als islamisch empfundene Werte als die *Wahhabiya*. Sie beschäftigte die Frage, wie die islamische Welt im Vergleich zum europäisch geprägten Westen so sehr in Rückstand geraten konnte. Statt zu herrschen, wie es Anhängern einer wahren Religion zustünde, waren sie zu Beherrschten geworden. Zudem erwies sich das westliche Gesellschaftsmodell als durchaus anziehend für Muslim*innen in den vom Westen beherrschten Gebieten. Die Muslimbrüder lehnten diese Verwestlichung ab und forderten eine Rückbesinnung auf die eigenen Werte, die aus der großen islamischen Vergangenheit resultierten.

Auch im 21. Jahrhundert gibt es sunnitische Richtungen, die einen radikalen Islam predigen: Ein besonders markantes Beispiel ist die Ideologie, die dem Islamischen Staat zugrunde liegt, die allerdings stark von der saudischen *Wahhabiya* beeinflusst ist: Ähnlich wie diese strebt der Islamische Staat eine Gesellschaft an, die angeblich derjenigen zur Zeit Muhammads entspricht, wobei man sich in diesem Fall ebenfalls fragen kann, inwieweit solche Vorstellungen von wirklichen Erkenntnissen statt von reinem Wunschdenken geprägt sind.

Ein wichtiges Stichwort ist dabei der Begriff des Islamismus, also das Verständnis des Islam als politische Ideologie. Man kann lange darüber streiten, ob es tatsächlich einen Unterschied zwischen Islam und Islamismus gibt, denn schließlich strebt der Islam an, alle Aspekte des menschlichen Lebens und der Gesellschaft unter religiösen Gesichtspunkten zu regeln. Allerdings haben sich viele islamische Gesellschaften herausgebildet, die die Religion zwar als Leitlinie verstehen, die aber trotzdem nicht rein islamisch ausgerichtet sind. Deswegen gibt es letztlich die Idee des Islamismus, die solche Gesellschaften wieder »islamischer« machen soll.

Ein wichtiges Element besteht in der Ablehnung aller aus dem Westen (darunter versteht man alle europäisch geprägten Kulturen, egal ob diese christlich oder auch atheistisch sind) kommenden Ideen und Entwicklungen, deren Einfluss auf die islamische Welt als Ursache für deren Niedergang angeprangert wird. Dabei wenden sich die Ideologen des Islamismus vor allem an junge Menschen, die in ihren Gesellschaften gescheitert sind, indem sie ihnen erklären, dass nicht sie für ihr Scheitern verantwortlich seien, sondern ihre Umgebung. Etwas vereinfacht gesagt: Man suggeriert beispielsweise einem Kleinkriminellen aus einer islamischen Familie, der zunächst nicht besonders muslimisch ist, er sei von den Entwicklungen der westlichen Welt wie Demokratie, Emanzipation der Frau, Materialismus an den Rand der Gesellschaft gedrängt worden und könne mit Hilfe des Islam wieder in die Position gelangen, die ihm eigentlich gebühre.

Dabei bedienen sich die Ideologen oftmals eines »Baukasten-Islams«, mit dessen Hilfe nur ausgewählte Aspekte der islamischen Religion vermittelt werden, die einer Rekrutierung dieser gescheiterten Existenzen dienlich sind. Darin überwiegen radikale Losungen, die sich zwar auch in der islamischen Tradition finden, aber häufig durch andere Aussagen relativiert werden. Das bedeutet, dass viele Kämpfer des Islamischen Staates letztlich nicht viel über den Islam an sich wissen. Hinzu kommt, dass unter den Anführern des Islamischen Staates im Irak einige Angehörige des von den Amerikanern gestürzten *Baath*-Regimes sind, die offenbar ihre sozialistische Ausrichtung gegen eine islamistische getauscht haben oder beides als Mittel zur Machtausübung betrachten.

Aber auch in ferneren Regionen der arabisch-islamischen Welt, die nicht unmittelbar zum Nahen Osten zählen, wie beispielsweise im Westen Nordafrikas, bildete sich eine Spielart des islamischen Fundamentalismus aus, die sich als Salafismus bezeichnet. Ähnlich wie andere islamistische Strömungen lehnt diese Richtung den Einfluss der westlichen Welt auf ihre Politik und Lebensart ab. In diesem Fall geht es um Gesellschaften, die seit dem 19. Jahrhundert sehr stark durch die Kolonialherrschaft Frankreichs geprägt wurden, und in denen man nun versucht, eine islamische Ordnung zu propagieren. Speziell in Algerien mündete dieses Streben in einen Bürgerkrieg (1991–2002), der bis heute nicht überwunden ist. Ebenso finden sich in weiten Teilen des muslimischen Afrika bewaffnete politische Gruppen, die eine Islamisierung ihrer Länder voranbringen möchten, als Beispiele seien nur Mali und Nigeria genannt.

Schiitischer Islam

Neben der sunnitischen Mehrheit existiert auch eine schiitische Minderheit, die ungefähr 15 Prozent der muslimischen Gläubigen umfasst. Dabei handelt es sich allerdings nicht um eine Gruppe, sondern um eine Vielzahl religiöser Ausrichtungen, die eine Gemeinsamkeit haben: Sie betonen den Anspruch des Schwiegersohns Muhammads, Ali Ibn Abi Talib, auf dessen Nachfolge. Als Muhammad, der Begründer des Islam, im Jahre 632 starb, hatte er keine Regelung für seine Nachfolge getroffen, weswegen es in der noch jungen islamischen Gemeinschaft zu Streitigkeiten kam: Während sich die Mehrheit auf ein pragmatisches Vorgehen einigte und angesehene Vertreter wichtiger Stämme als Kalifen, also als Anführer der Muslim*innen, einsetzen wollte, forderte eine Minderheit, das

Amt mit ebenjenem Ali Ibn Abi Talib zu besetzen, der als Ehemann Fatimas, der Tochter des Propheten, auch der Vater von dessen Enkeln war. Dieser Bruch führte zu blutigen Konflikten, deren erster Höhepunkt die Schlacht von Kerbela im Jahre 680 darstellte, in der Alis Sohn Hussein getötet wurde.

Diese Schlacht spielt bis heute eine entscheidende Rolle im schiitischen Selbstverständnis. Ihrer wird jedes Jahr am 10. Muharram (der Muharram ist der erste Monat des islamischen Kalenders) bei den Aschura-Feierlichkeiten gedacht. In der Folgezeit bildeten sich verschiedene schiitische Strömungen heraus, die sich auf eine Abfolge von Imamen als rechtmäßige Leiter der islamischen Gemeinschaft, beginnend mit Ali, berufen. Je nach Glaubensrichtung verehrt man fünf, sieben oder zwölf Imame, wobei jeweils der letzte Imam nicht gestorben, sondern von Gott entrückt worden sein soll, um am Ende aller Tage als eine Art Messias und rechtmäßiger Herrscher über die Muslim*innen wiederzukehren. Daneben gibt es Richtungen, die Ali als eine Art Erscheinung Gottes auf Erden ansehen und die von den anderen als »Übertreiber« bezeichnet werden. Im letzteren Fall ist fraglich, ob diese Richtungen überhaupt noch dem Islam zugerechnet werden können.

Die größte Strömung der Schia ist die Zwölferschia, die davon ausgeht, dass der zwölfte Imam irgendwann wiederkommen wird. Wenn man im Allgemeinen von Schiiten spricht, versteht man darunter diese Richtung, die sich vor allem im Iran findet. Dort hängen die meisten Muslim*innen dieser Strömung an, die aber auch im Libanon beheimatet ist.

Durch ihre Geschichte als Minderheit und ihre messianischen Erwartungen hat die Schia eine gewisse Diskretion und Staatsferne entwickelt: Schiit*innen, die in einer muslimischen Mehrheitsgesellschaft leben, sind gehalten, sich dieser weitgehend anzupassen und es zugleich zu vermeiden, irgendeine säkulare Macht auszuüben, was Verwaltungstätigkeiten einschließt. Diese Staatsferne zeigte sich auch lange Zeit im Iran: In der Monarchie bestand eine Art Trennung zwischen weltlicher und geistlicher Macht, der Schah war kein religiöses Oberhaupt und die Geistlichkeit ermahnte zwar die staatliche Führung zu einer Politik, die sich an muslimischen Werten orientieren sollte, strebte allerdings nicht selbst nach der Macht. Lediglich in Fällen, in denen von staatlicher Seite gegen wichtige Glaubensgrundsätze verstoßen wurde oder die die Stellung der Geistlichkeit selbst betrafen, mischte diese sich ein und offenbarte ihre Macht.

Die Hinwendung zu einer Schia, die die weltliche Herrschaft anstrebte, erfolgte erst im 20. Jahrhundert unter dem maßgeblichen Einfluss Ruhollah Chomeinis (1902–1989), der ein Programm zur Herrschaft der Geistlichkeit im Namen des zwölften Imams entwickelte, das im Zuge der Islamischen Revolution 1979 im Iran verwirklicht wurde. Dabei hatte diese Revolution eigentlich einen ganz anderen Charakter besessen: Der ursprüngliche Impuls zur Revolte ging von sozialer und politischer Unzufriedenheit mit dem regierenden Schah aus, dessen diktatorische Herrschaft und Unfähigkeit, soziale Konflikte zu lösen, auf immer mehr Unmut stießen. Seit 1978 hatte es Demonstrationen gegeben, die von der Staatsmacht auf Dauer nicht mehr gewaltsam aufgelöst werden konnten. Die Opposition bestand aus verschiedenen Gruppen, die nicht dieselben Ziele verfolgten: Neben liberalen und linken westlich orientierten Gruppierungen fanden sich auch Vertreter*innen, die den schiitischen Islam mit sozialrevolutionären Elementen verbanden, und eben Anhänger*innen Chomeinis, die eine konservativ-schiitische Richtung vertraten.

Iranerinnen demonstrieren im Dezember 1978 in Teheran für die Revolution.

Nachdem der Schah ins Exil gegangen war, gelang es Chomeini in kurzer Zeit, andere Gruppierungen ins Abseits zu drängen und selbst die Macht zu übernehmen. Die Islamische Republik Iran ist genaugenommen eine Mischung zweier Herrschaftsformen: Zwar gibt es ein vom Volk gewähltes Parlament und einen ebenso gewählten Präsidenten, aber beide Institutionen werden vom Obersten Führer (*Rahbar*) und dem Wächterrat kontrolliert. Dieser Wächterrat besteht aus sechs Geistlichen, die vom *Rahbar* ernannt werden, und sechs Juristen, die das Parlament nominiert. Der *Rahbar* entscheidet, wer als Kandidat für das Parlament und das Präsidentenamt antreten darf. Er selbst wird für acht Jahre von einem Expertenrat eingesetzt, der zwar wiederum vom Volk gewählt wird, aber dessen Kandidaten ebenfalls durch den Wächterrat genehmigt werden müssen. Damit erfüllt die iranische Verfassung nicht die Ansprüche an eine demokratische Herrschaft, sondern sichert den Einfluss der islamischen Geistlichkeit auf alle politischen Entscheidungen. Im Übrigen weist die Verfassung der islamischen Republik eine erstaunliche Übereinstimmung mit Platons Idealstaat auf, der davon ausging, dass die gewählten Volksvertreter durch Philosophen kontrolliert werden. Im Iran sind es statt der Philosophen eben die schiitischen Geistlichen.

Nachdem die Regierung des Schahs freundschaftliche Beziehungen zum Staat Israel unterhielt, da sich beide Staaten im Gegensatz zur arabischen Welt sahen, betonen die Machthaber der Islamischen Republik, dass sie das Existenzrecht des Staates Israel nicht anerkennen, und stilisieren den jüdischen Staat neben den USA zu ihrem Hauptfeind. Jedes Jahr werden Massendemonstrationen organisiert, die die Gegnerschaft zum Staat Israel bekräftigen sollen. Zugleich besitzt diese Ablehnung antisemitische Züge. Der Iran ist ein Förderer von extremistischen Organisationen, die den Staat Israel bekämpfen.

Auch dass Iran nach dem Besitz von Atomwaffen strebt, scheint zumindest zum Teil auf der Gegnerschaft zu Israel, das ja seit langem Atommacht ist, zu basieren. Offiziell dient das Nuklearprogramm seit einigen Jahren zivilen Zwecken, zuvor wurde es als Möglichkeit der Verteidigung gegen Angriffe der USA und Israels bezeichnet, allerdings dürfte auch das Streben nach einer Vormachtstellung im Nahen Osten keine unwichtige Rolle spielen. Dieses Atomprogramm, auf dessen Bedrohung der globalen Sicherheit vor allem Israel hinweist, rief in den vergangenen Jahren die internationale Gemeinschaft auf den Plan. Nachdem die iranischen Atomwaffenpläne in den frühen 2000er Jahren bekannt geworden waren, hatte man einerseits versucht, den Iran auf diplomatischem Wege zum Einlenken zu bewegen, andererseits diesen Bemühungen durch internationale Sanktionen Nachdruck verliehen, sodass der Iran politisch isoliert und wirtschaftlich geschwächt wurde.

Nachdem der Iran jahrelang zunächst mit der Internationalen Atomenergiebehörde (IAEA), später mit den USA, Russland, der Volksrepublik China, dem Vereinigten Königreich, Frankreich und Deutschland verhandelt hatte, wurde mit Wirkung zum Juli 2015 der Streit beigelegt: Der Iran erklärte sich bereit, seine Atomanlagen einer internationalen Kontrolle zu unterwerfen und die Entwicklung waffenfähigen Plutoniums einzustellen. Dieses Abkommen wurde allgemein begrüßt, allerdings bezweifelte Israel weiterhin die Ehrlichkeit der iranischen Führung und unterstellte den westlichen Verhandlungspartnern, sie hätten sich vom Iran täuschen lassen. Die USA verhängten einen Tag nach der Aufhebung der bisherigen Sanktionen neue Maßnahmen gegen Personen, die am Raketenprogramm des Iran beteiligt waren. Nach dem Amtsantritt Donald Trumps, der sich die israelische Interpretation zu eigen machte, stiegen die USA 2018 aus dem Abkommen aus, was dessen Wert minderte. Im Jahre 2020 gab der Iran seinerseits bekannt, das Abkommen aufzukündigen und wieder waffenfähiges Material zu entwickeln. Die seitdem laufenden Bemühungen der internationalen Gemeinschaft, den Iran wieder an den Verhandlungstisch zu bringen, blieben bislang erfolglos, zumal die neue US-Regierung unter Joe Biden aufgrund des iranischen Engagements im syrischen Bürgerkrieg an Sanktionen festhält.

Nach seinem Angriff auf die Ukraine hat sich Russland dem Iran angenähert, dessen Waffentechnik, vor allem Kampfdrohnen, eine wichtige Unterstützung für die an Menschen und Material bereits stark dezimierten russischen Streitkräfte darstellt. Beobachter befürchten, dass Russland zum Dank für die Waffenlieferungen die iranische Position stützen wird, sodass die Chancen auf die Wiedereinsetzung des Abkommens oder eine Nachfolgevereinbarung eher schlecht stehen und der Iran sich wieder auf die Entwicklung seines atomaren Potentials konzentrieren kann. Damit steigt aber auch wieder die Gefahr eines israelischen Eingreifens, das die Lage zur Eskalation bringen könnte. Andererseits hat die erneute Angst vor einer atomaren Bewaffnung des Iran verschiedene arabische Staaten dazu bewegt, sich Israel anzunähern, da sie die angenommene Bedrohung durch den jüdischen Staat geringer einschätzen als das Hegemonialstreben der Islamischen Republik.

Die schiitische Revolution entfaltete in der arabischen Welt ebenfalls eine Außenwirkung: Die iranische Führung bemühte sich darum, andere Schiit*innen von ihrer Revolution zu überzeugen, vor allem im Irak und im Libanon: Während der Irak überwiegend von Schiit*innen bewohnt wird, allerdings unter der Herrschaft der *Baath*-Partei von der sunnitischen Minderheit dominiert wurde, stellen die Schiit*innen im Libanon nur eine Minderheit dar. Neben einer allgemeinen schiitischen Solidarität dürften iranische Interessen den Ausschlag für diese Bemühungen gegeben haben: Der irakische Nachbar war immer wieder in Auseinandersetzungen mit dem Iran verwickelt, die zwar eher selten militärisch ausgefochten wurden, aber von beiden Seiten als ernsthaftes Problem betrachtet wurden. Dabei spielten Fragen wie der exakte Grenzverlauf eine wichtige Rolle, aber auch Konflikte mit nationalen Minderheiten wie den Kurd*innen, die beiderseits der Grenze wohnten, konnten sich auf das Verhältnis zwischen beiden Staaten auswirken.

1980 überfiel der Irak den Iran. Der irakische Präsident Saddam Hussein wurde durch zwei Faktoren zu diesem Schritt bewogen: Zum einen fürchtete er, die islamische Revolution könne auf sein Land übergreifen, zum anderen hielt er den Iran in den Revolutionswirren für einen schwachen Gegner, sodass der Zeitpunkt günstig schien, um im Verhältnis beider Staaten die Oberhand zu gewinnen. Bemühungen des Iran, die schiitische Bevölkerung des Irak auf seine Seite zu ziehen, erwiesen sich als vergeblich. Zwar hatte der gemeinsame schiitische Islam immer einen wichtigen religiösen Austausch ermöglicht, doch gab es einen wichtigen Unterschied: Die irakischen Schiit*innen verstehen sich in erster Linie als Araber*innen. Von daher sehen sie einen kulturellen und nationalen Gegensatz zur persischen Bevölkerung des Iran; diese nationale Identität wiegt schwerer als die religiöse.

Die Schiit*innen im Libanon sind zwar ebenfalls Araber*innen, allerdings in einer anderen Situation: Als Minderheit brauchen sie Unterstützung von außen, um die eigene Stellung im Lande zu stabilisieren und zu stärken. Insofern unterstützte der Iran im libanesischen Bürgerkrieg nicht nur die bereits existierende Amal-Miliz, sondern stattete die Hisbollah mit Waffen und Ausrüstung aus, die sie gegen die israelische Armee, die den Süden des Landes besetzt hatte, einsetzen konnte. In der Folgezeit gelang es der Hisbollah, ihre Macht im Libanon auszubauen. Dank der Gegnerschaft zu Israel konnte sie, die für sich in Anspruch nimmt, den Süden des Libanon gegen israelische Aktionen zu schützen, auch nach dem Ende des Bürgerkrieges als bewaffnete Miliz erhalten bleiben und damit weiterhin iranischen Einfluss auf die libanesische Politik ausüben.

Anders sieht es mit der Unterstützung der syrischen Regierung im dortigen Bürgerkrieg aus, denn die syrische Elite gehört zu den Alawiten (die nicht mit den in der Türkei beheimateten Aleviten verwechselt werden dürfen). Sie hängen also einer Geheimreligion an, die sich aus schiitischen Denkrichtungen entwickelt, aber deutlich vom traditionellen Islam entfernt hat, weshalb sie von Sunniten als Ungläubige betrachtet werden, während die schiitische Geistlichkeit des Iran sie als Teil der Schia anerkennt, um neben dem Libanon einen weiteren Verbündeten an der Grenze zu Israel zu haben. Dabei leistet der Iran Syrien umfassende militärische Hilfe, bis hin zur Entsendung von Truppen, nicht aus den Reihen der iranischen Armee, sondern der mächtigen paramilitärischen Gruppierungen. Aufgrund dieser Präsenz greift Israel immer wieder in Syrien ein, um deutlich zu machen, dass jeglicher Versuch einer direkten Konfrontation zu massiven Reaktionen führen wird.

Judentum

Gleichzeitig mit dem säkularen Zionismus hat sich eine religiös geprägte Variante dieser Idee herausgebildet. Dabei ist sich das religiöse Judentum über die Bewertung der zionistischen Bestrebungen nicht einig. Ein großer Teil der Orthodoxie lehnt den Zionismus ab, da er ihn als Gotteslästerung betrachtet: In orthodoxen Augen maßen sich die Zionisten an, die Aufgabe des Messias zu übernehmen. Dieser Messias soll irgendwann als göttlicher Erlöser erscheinen, um das Volk Israel ins Heilige Land zu führen, dort den Tempel wieder zu errichten und damit den göttlichen Heilsplan wieder in dieser Welt durchzusetzen. Dadurch soll den Nichtjüd*innen die Wahrheit der

Alltagsszene aus dem geteilten Jerusalem, dessen Ostteil 1962 von Jordanien besetzt war

Torah verdeutlicht werden, sodass sie die Rolle des Volkes Israel als Träger dieser Torah nicht mehr infrage stellen.

Da die Zionist*innen bereits einen jüdischen Staat errichtet haben, gibt es aus orthodoxer Sicht nur zwei Möglichkeiten: Entweder ist dieser Staat abzulehnen, wie es viele Orthodoxe tun, oder man hinterfragt, ob der Staat Israel überhaupt ein jüdischer Staat sei. Aus der Sicht des jüdischen Religionsgesetzes, der *Halachah*, ist Israel tatsächlich kein jüdischer Staat, denn dann müsste ebendiese *Halachah* dessen gesetzlichen Rahmen bilden, oder einfacher gesagt: Die *Halachah* wäre zum einen die Verfassung dieses Staates, und zum anderen würden alle Gesetze auf ihr basieren. Israel hat bis heute keine endgültige Verfassung, sondern im Laufe der Zeit sogenannte Grundgesetze verabschiedet, die Verfassungsrang besitzen. Konkret basieren die israelischen Gesetze auf Regelungen aus der Zeit des Osmanischen Reichs, auf Gesetzen, die während der britischen Mandatszeit erlassen wurden, und auf solchen, die vom israelischen Parlament, der Knesset, demokratisch verabschiedet wurden. Nichts von alledem kann als halachisch bezeichnet werden, auch wenn viele Gesetze Aspekte der jüdischen Ethik widerspiegeln. Somit könnte man Israel nicht als jüdischen Staat im halachischen Sinne, aber als Staat der Jüd*innen bezeichnen.

Der religiöse Zionismus zielt darauf ab, das Heilige Land wieder in jüdischen Besitz zu nehmen, um die messianische Zeit vorzubereiten, in der dann ein jüdischer Staat im halachischen Sinne aufgebaut werden wird. Ein wichtiger Wendepunkt für diese Ausrichtung des Zionismus war der Sechstagekrieg von 1967: Zum einen gelangten alle Gebiete, die als Teil des biblischen Landes Israel gelten, unter die Kontrolle des Staates Israel. Zum anderen gelang es, in Jerusalem die Reste der heiligen Stätten des Judentums zu erobern. Damit ist aus der Sicht der zionistischen Orthodoxie ein Zustand erreicht, der nicht wieder rückgängig gemacht werden darf. Während der Staat Israel Gebiete besetzte, um die Sicherheit des eigenen Staates zu erhöhen, und somit vor allem strategischen Überlegungen folgte, organisierten religiöse Gruppierungen eigene Siedlungsprojekte, die sie vor allem historisch begründeten. Sie besetzten also Punkte, die schon früher jüdisch bewohnt gewesen waren, und orientierten sich auch an jüdischen Grab- und Pilgerstätten. Anders als das Aufgeben strategischer Siedlungen, die durch Verhandlungen mit der palästinensischen Seite überflüssig werden könnten, ist ein Rückzug aus religiös-historisch begründeten Siedlungen nahezu unmöglich.

Ein weiterer Aspekt ist der Einfluss der jüdischen Orthodoxie auf die innenpolitischen Verhältnisse im Staat Israel: Da bislang nahezu alle israelischen Regierungen auf die Beteiligung religiöser Parteien angewiesen waren, wurden auch immer wieder Zugeständnisse gemacht, die den religiösen Gruppierungen mehr Einfluss verschafft haben, als ihnen laut ihrem Bevölkerungsanteil eigentlich zustehen würde. Ein Beispiel stellt die Eheschließung dar, die bis heute in den Händen der religiösen Autoritäten (jüdisch, muslimisch, christlich) liegt. Eine Zivilehe existiert nicht, sodass Israel*innen, die sich nicht religiös trauen lassen möchten oder können, weil die Ehepartner beispielsweise verschiedenen Glaubensrichtungen angehören, im Ausland heiraten müssen, um sich anschließend ihre eheliche Verbindung vom israelischen Staat anerkennen zu lassen. Auch wächst der Einfluss der Orthodoxie auf den israelischen Alltag. Orthodoxe Gruppen versuchen immer mehr jüdische Gesetze im öffentlichen Raum durchzusetzen, sei es das Verbot, Läden und Gaststätten am Schabbat zu öffnen, sei es eine Sitzordnung in Bussen, die orthodoxem Anstandsgefühl entspricht, sei es die Regulierung von weiblicher Kleidung an öffentlichen Plätzen, die auch von Orthodoxen frequentiert werden. Dabei spielt auch eine Rolle, dass orthodoxe Familien durch ihre höhere Geburtenrate einen immer größeren Bevölkerungsanteil stellen.

Arabisches Christentum

Das Christentum ist zwar mit dem Judentum und dem Islam im Nahen Osten entstanden, dort allerdings nur noch marginal vertreten. So sind etwa zehn Prozent der Bevölkerung Ägyptens Christen, in Syrien sind es ungefähr sieben Prozent, in Israel ungefähr zwei Prozent, in Palästina noch weniger. In der Türkei dürften es zwischen zwei und drei Prozent der Bevölkerung sein, im Iran sogar nur ein halbes Prozent. Lediglich im Libanon gibt es einen zahlenmäßig bedeutenden christlichen Bevölkerungsanteil, der früher einmal über 50 Prozent betrug und heute wohl bei 37 Prozent liegt. Der Bürgerkrieg im Libanon hatte seine Ursache nicht nur in der Aktivität palästinensischer Organisationen, sondern auch in der Unzufriedenheit damit, dass die Christen den Staat dominierten, obwohl sie nicht mehr die demographische Mehrheit stellten. Erst eine Neuaufteilung der Macht konnte die Lage einigermaßen stabilisieren.

Die jesidische Bevölkerung

Im Grenzgebiet Syriens, des Iraks und der Türkei gibt es eine weitere religiöse Gruppierung, die Jesid*innen, die eine eigene religiöse Gemeinschaft bilden und sich auch zumindest teilweise als eine eigene Ethnie definieren (ein anderer Teil betrachtet sich als Kurd*innen). Die jesidische Religion, der ungefähr eine Million Menschen anhängen, gilt als synkretistisch, das heißt, der Glaube ist aus Elementen zusammengesetzt, die wohl ursprünglich aus anderen Religionen stammen. Am ehesten ist diese Religion mit dem Zoroastrismus zu vergleichen, einer monotheistischen Glaubensrichtung aus der Antike, die heute noch im Iran und Indien existiert, allerdings nur in relativ kleinen Gruppen. Die jesidische Religion, die über keine Offenbarungsschrift verfügt, geht von einem Gott aus, von der Existenz von Engeln und von Heiligen, die göttliches Wirken verkörpern. Die Gesellschaft selbst ist in unterschiedliche Kasten unterteilt.

Obwohl die jesidische Bevölkerung, die islamische Autoritäten als ungläubig bezeichnen, immer wieder verfolgt wurde, beispielsweise im 19. Jahrhundert durch die Osmanen, wurde die Westöffentlichkeit erst auf das Schicksal der Jesid*innen im Nordirak aufmerksam, als der Islamische Staat ab 2014 ihre Gebiete eroberte und die Auslöschung dieser Religion verkündete. Praktisch sah das so aus, dass jesidische Männer und Jungen entweder ermordet oder zwangsislamisiert wurden, während man die Frauen und Mädchen versklavte und unter den eigenen Anhängern verteilte oder nach einer gewaltsamen Bekehrung zum Islam zwangsverheiratete. Viele Jesid*innen flüchteten sich in sichere Gebiete, sie wurden dabei vor allem von kurdischen bewaffneten Gruppen unterstützt. Ihre Not, aber auch ihre Bereitschaft zum Widerstand galt der Welt als Beispiel für die Gefährlichkeit islamistischer Gruppen und als Zeichen dafür, dass die Menschen vor Ort bereit waren, sich diesen Gruppen entgegenzustellen.

Wie kann ein stabiler Frieden erreicht werden?

Man kann die grundlegenden Problemfelder geographisch oder thematisch zusammenfassen. Geographisch hat man den Nahostkonflikt im engeren Sinne, also den Konflikt zwischen Israel und den arabischen Nachbarstaaten, wobei es auch dort Abstufungen gibt. Der israelisch-palästinensische Konflikt bildet einerseits nur einen Teil dieses größeren Nahostkonflikts, stellt andererseits aber dessen Kern dar. Seine Lösung würde auch den Konflikt mit den anderen Nachbarn entschärfen, da letzterer oft mit dem israelisch-palästinensischen Gegensatz legitimiert wird: Einige Staaten sehen ihre Ablehnung Israels als Zeichen der Solidarität mit dem palästinensischen Volk, allerdings bröckelt diese Front in letzter Zeit deutlich.

Ein Grund besteht im Streben des Iran nach einer Vormachtstellung im Nahen Osten. Der Iran wird ähnlich wie Israel als eine Art Fremdkörper empfunden, da er kein arabisches Land ist, sich aber in die Angelegenheiten arabischer Länder einmischt, beispielsweise in Syrien und im Libanon. Da sein Atomprogramm zudem als Gefahr für die arabischen Staaten empfunden wird, besteht in weiten Teilen der arabischen Welt der Wunsch, seine Macht einzudämmen. Dazu kommt, dass der Iran als schiitisches Land eine religiöse Richtung darstellt, die in der arabischen Welt eine Minderheit bildet und deren Einfluss nur durch die iranische Unterstützung gewachsen ist. Das revolutionär-schiitische Potential gilt vielen etablierten Regimen als Bedrohung der eigenen Machtstellung. Deshalb wurden beispielsweise Protestkundgebungen schiitischer Bevölkerungsteile in Bahrain unterdrückt, die die Herrschenden weniger ihrer eigenen diskriminierenden Politik als vielmehr der Aufwiegelung durch den Iran zuschreiben.

Da auch Israel seine Sicherheit durch den Iran und vor allem durch dessen Atomprogramm gefährdet sieht, hat diese gemeinsame Gegnerschaft eine gewisse Entspannung seiner Beziehungen mit einzelnen arabischen Staaten bewirkt. Für Ägypten hatte der Friedensvertrag mit Israel im Jahre 1979 noch einen gewaltigen Tabubruch dargestellt, infolgedessen das Land jahrelang aus der Gemeinschaft der arabischen Staaten ausgeschlossen war. Dagegen hatte Jordanien es bereits leichter, im Jahre 1994 Frieden mit Israel zu schließen. Zu diesem Zeitpunkt bestand die Hoffnung auf eine friedliche Beilegung des israelisch-palästinensischen Konfliktes, sodass ein Friedensschluss mit Israel zwar immer noch von Hardlinern innerhalb der arabischen Welt abgelehnt wurde, diese Position allerdings nicht mehr mehrheitsfähig war. Man muss allerdings hinzufügen, dass es zwischen Israel und Jordanien keinerlei nennenswerte Problemfelder gab, nachdem Letzteres 1987 auf alle Ansprüche bezüglich der 1948 annektierten palästinensischen Gebiete, die seit 1967 von Israel besetzt waren, verzichtet hatte.

Jedenfalls blieb eine Welle von Friedensschlüssen, wie sie manche Optimisten erwartet hatten, aus. Zwar nahmen die meisten Länder, zum Beispiel die Golfstaaten, inoffiziell Beziehungen zum Staat Israel auf und begannen mit ihm Handel zu treiben, man zögerte jedoch, diese Maßnahmen durch offizielle Rahmenvereinbarungen zu legitimieren. Erst die vom Iran ausgehende Bedrohung sorgte in den letzten Jahren dafür, dass einzelne Golfstaaten Friedensabkommen mit Israel schlossen, wobei diese Staaten zwar wirtschaftlich stark sind, politisch allerdings in der arabischen Welt eher eine untergeordnete Rolle spielen. Diese Vereinbarungen wurden von der US-amerikanischen Regierung unter Donald Trump vermittelt; deren Erfolg bestand allerdings eher darin, dass bisher inoffizielle Kontakte offiziellen Charakter erhielten. Einen Durchbruch in den arabisch-israelischen Beziehungen stellen die Abkommen nicht dar.

Das größere Problem, Israels Konflikt mit der palästinensischen Bevölkerung, ist bis heute ungelöst: Die Abkommen der 1990er Jahre sind zwar weiterhin gültig, allerdings gibt es keine neuen Fortschritte. Es ist eher ein Festhalten am Status quo als eine wirkliche Bemühung um eine endgültige Lösung zu beobachten, wobei man den Eindruck hat, dass beiden Seiten das Interesse oder die Kraft dazu fehlt. Auf der israelischen Seite hat die lange Regierungszeit Benjamin Netanjahus (1996–1999, 2009–2021 und wieder seit 2022) eine Atmosphäre der Resignation erzeugt, die sich auch in den letzten Wahlen niederschlug: Da man weder Regierung noch Opposition wirklich vertraut, haben die Wahlergebnisse keine klaren Mehrheiten ergeben. Dadurch wurden Regierungsbildungen immer schwieriger, so dass erneut Wahlen stattfinden mussten, die die Verhältnisse aber nicht änderten. Zwischen April 2019 und März 2021 fanden vier Wahlen statt, wobei deren letzte ein breites Bündnis von verschiedensten Parteien an die Macht brachte, dessen Hauptziel darin bestand, Netanjahu als Regierungschef abzulösen. Allerdings gelang es dieser Regierung nicht, stabile Verhältnisse zu schaffen, dazu waren die Interessen der einzelnen Parteien zu unterschiedlich. Im November 2022 fanden erneut Wahlen statt, aus denen Netanjahu als Sieger hervorging. Im Dezember konnte er sich auf eine Koalition mit religiösen und rechtsnationalistischen Parteien einigen. Auch wenn im Zuge der Ereignisse vom Oktober 2023 die Regierung um eine Partei der Mitte erweitert wurde, scheint das Zweistaatenkonzept (vorläufig) gescheitert zu sein, zumal es in 30 Jahren zu keiner friedlichen Koexistenz Israels und Palästinas gekommen ist.

Ein Einstaatenkonzept erscheint problematisch, weil ein gemeinsamer Staat von Israel*innen und Palästinenser*innen eine demographische Herausforderung darstellen würde. Mittel- bis langfristig würde die höhere Geburtenrate der palästinensischen Bevölkerung dazu führen, dass Israel den Charakter eines jüdischen Staates verlieren würde. Um zu verhindern, dass die Jüd*innen zur Minderheit im eigenen Land werden, wäre es wichtig, dafür zu sorgen, dass die palästinensische Bevölkerung nicht zu Bürger*innen des Staates Israel wird, das heißt, dass man die besetzten Gebiete annektieren würde und den dort lebenden Palästinenser*innen die israelische Staatsbürgerschaft verweigern würde. Damit würde man aber gegen demokratische Grundsätze verstoßen und das Selbstverständnis des jüdischen Staates infrage stellen. Eine dritte Option bestünde in der Vertreibung der palästinensischen Bevölkerung, was ohne Frage eine humanitäre und politische Katastrophe wäre, die sich ebenso wenig mit einem demokratischen Staat vereinbaren ließe. Ein pragmatischer Ansatz für den Augenblick bestünde in der Aufrechterhaltung des bisherigen Zustandes, das heißt, einen Teil der palästinensischen Gebiete besetzt zu halten und zu besiedeln, während andere Teile von der Palästinensischen Autonomiebehörde verwaltet werden, mit der man sich bei Bedarf auf konkrete Maßnahmen einigt, ohne ein weitergehendes Abkommen anzustreben. Ob ein solches Provisorium aber langfristig bestehen kann, erscheint eher zweifelhaft.

Die palästinensische Seite zeigt ebenso wenig ernsthaftes Interesse daran, weiter zu verhandeln. Bereits unter der Führung von Jassir Arafat (Präsident der Palästinensischen Autonomiebehörde 1994–2004) waren große Unterschiede in der Mentalität der israelischen und der palästinensischen Unterhändler zu beobachten. Arafat betonte immer wieder, dass Erfolge bei Verhandlungen weniger als Kompromissfähigkeit denn als Teil eines Sieges über Israel zu bewerten seien. Ihm ging es natürlich in erster Linie darum, die Ergebnisse seiner Bevölkerung als eigene Erfolge zu präsentieren, auch wenn er de facto Zugeständnisse gemacht hatte. Zudem pflegte er weiterhin eine gewisse antiisraelische Rhetorik. Israel wurde in den Verlautbarungen der palästinensischen Regierung und in der Presse nicht als Verhandlungspartner, sondern als Gegner charakterisiert. Selbst als die israelische Regierung unter Ehud Barak (1999–2001) bereit war, Arafat deutliche Zugeständnisse zu machen, entsprachen diese nicht seinen Maximalvorstellungen, sodass er ein endgültiges Abkommen ablehnte. Letztlich ging es ihm wohl darum, den Konflikt, den er militärisch nicht gewinnen konnte, politisch zu verstetigen, um damit seine eigene Machtbasis zu sichern. Zugleich betonte er immer wieder, dass die Israel*innen ihn brauchten, da die Alternativen zu seiner Person deutlich schlechter seien.

Und tatsächlich gab und gibt es nicht wenige palästinensische Gruppierungen, die Verhandlungen mit Israel ablehnen, weshalb Erfolge bei Verhandlungen auch immer terroristische Anschläge zur Folge hatten. Arafat weigerte sich, gegen diese

Gruppierungen entschieden vorzugehen, wofür es vermutlich zwei Gründe gab: Zum einen hielten die Attentate den Druck auf Israel aufrecht und sorgten dafür, dass er weiter als Partner anerkannt wurde. Zum anderen konnte sich Arafat nicht sicher sein, ob es ihm wirklich gelingen würde, seine Gegner auszuschalten, oder ob er dabei seine Macht verloren hätte. Denn es war fraglich, wie groß seine Unterstützung im Volke tatsächlich war. Allerdings überreizte Arafat dieses Spiel und setzte mit der sogenannten Zweiten Intifada ab 2000 auf einen Konfliktkurs, sodass Israel ihn nicht mehr als Partner wahrnahm, sondern sich um seine Absetzung bemühte. Das verhinderte jedoch die internationale Gemeinschaft, die keine Alternative zu Verhandlungen sah.

Nach dem Tode Arafats 2004 beendete Mahmud Abbas im Jahre 2005 diese Zweite Intifada, sah sich aber zugleich einer stärkeren Gegnerschaft radikaler Kräfte ausgesetzt. Letztlich musste die PLO 2007 den Gazastreifen der radikalislamischen Hamas überlassen, die im Jahr zuvor die Parlamentswahlen gewonnen hatte, sodass es heute de facto kein einheitlich verwaltetes Autonomiegebiet mehr gibt. Seitdem beschränkt sich der Machtbereich der Palästinensischen Autonomiebehörde auf die Westbank. Abbas setzt ähnlich wie Arafat auf einen gemäßigten Konfliktkurs mit Israel, der, anders als die Hamas und andere Gruppen es anstrebten, zwar nicht zu einer Eskalation, aber doch zu einem andauernden Spannungsverhältnis führen soll. Letzteres soll zum einen Abbas' Position festigen und zum anderen Israel dazu bringen, weitreichende Zugeständnisse zu machen. Dabei betrachtet Abbas Israel ähnlich wie Arafat vor allem als Gegner, wie seine wiederholten antiisraelischen und antisemitischen Äußerungen belegen.

Wie die jüngsten Ereignisse an der Grenze zum Gazastreifen beweisen, geht es der Hamas und anderen Gruppierungen um eine Eskalation der Ereignisse, die eine friedliche Einigung verhindern soll, letztlich aber auch den derzeitigen Status quo in Frage stellt, der in der Vergangenheit allen Konfliktparteien Vorteile brachte: Man musste keine weiteren Zugeständnisse machen, und niemand konnte einem vorwerfen, eine schlechte Lösung erreicht zu haben. Zugleich wurde durch die weiterhin existierende Spannung die eigene Position gestärkt, und schließlich stellte sich die Frage, ob ein eventueller Nachfolger überhaupt fähig wäre, die gefährliche Lage zu beherrschen. Offenbar ließ sich jedoch ein solches Provisorium – zumindest nach der Meinung der Hamas – nicht länger halten, allerdings könnten die Folgen nun für die Hamas verheerend sein.

Nach 1967 hatten sich auch die Israel*innen erst einmal mit einer Besatzung der palästinensischen Gebiete eingerichtet, die letztlich keine endgültige Regelung darstellte. Nach zwanzig Jahren äußerte sich die Unzufriedenheit der palästinensischen Bevölkerung erstmals in einem Ausbruch der Gewalt, der sogenannten Intifada, die zunächst auch die PLO überrascht hatte. Er machte deutlich, dass sich etwas ändern müsse. Bis heute sind die Probleme gewaltig: Die palästinensische Bevölkerung leidet an Armut und Arbeitslosigkeit, gerade die Zukunft der Jugendlichen ist alles andere als sicher. Um die wirtschaftlichen und sozialen Herausforderungen angehen zu können, benötigt es Stabilität: Ein Provisorium lockt keine Investoren ins Land, zudem muss die Möglichkeit bestehen, Waren über die Grenzen zu bringen, was aber nur nach entsprechenden Abkommen mit einem festgelegten Grenzregime geht. Bereits vor dem jüngsten Gewaltausbruch waren die Grenzen zwischen Israel und den palästinensischen Gebieten geschlossen, Waren wurden nur in einem bestimmten Umfang ein- und ausgeführt, um den Schmuggel von Waffen und Artikeln, die zur Herstellung von Waffen dienen können, zu verhindern. Gleichzeitig wurde aber beispielsweise der Gazastreifen von Israel mit Strom und Wasser versorgt. Wie die Grenzbeziehungen in Zukunft aussehen werden, ist noch nicht absehbar.

Ein anderes ungeklärtes Problem ist die jüdische Besiedlung des Westjordanlandes. Letztlich bieten sich zwei Lösungen dieses Problems an: eine Aufgabe dieser Siedlungen und die Rückführung der Bewohner*innen nach Israel, oder aber die Annexion einiger Siedlungsblöcke mit entsprechender Entschädigung der palästinensischen Seite durch andere Gebiete. Die erste Möglichkeit dürfte in Israel innenpolitisch nicht durchzusetzen sein, da die Siedlungen in den letzten Jahrzehnten das Selbstverständnis nicht geringer Teile der Bevölkerung geprägt haben. Die zweite Möglichkeit hatte Ehud Barak bei den Verhandlungen in Camp David im Jahre 2000 mit Jassir Arafat bereits vorgeschlagen, doch die palästinensische Seite hatte entschieden abgelehnt, einen Teil des palästinensischen Landes aufzugeben.

Sowohl im israelisch-palästinensischen als auch im israelisch-arabischen Konflikt sind noch weitere Schwierigkeiten auszuräumen: Zum einen ist das die demographische Entwicklung, die bereits im Rahmen des israelisch-palästinensischen Konfliktes angeklungen ist. Gerade die muslimischen Länder um Israel herum verzeichnen einen fortschreitenden Bevölkerungswachstum. Ägypten beispielsweise verfügte im Jahre 1960 über knapp 27 Millionen Einwohner*innen, im Jahre 2021 waren es schon rund 104 Millionen, in Syrien stieg die Bevölkerungszahl im selben Zeitraum von viereinhalb Millionen auf 18 Millionen, Saudi-Arabien wuchs von vier Millionen auf 35 Millionen.

Dieses Wachstum hat zwei wichtige Auswirkungen: Zum einen steigt der Bedarf an Nahrungsmitteln, der schon seit langem nicht mehr aus der eigenen Region befriedigt werden kann. Der Ukraine-Krieg hat uns beispielsweise vor Augen geführt, wie stark diese Regionen von ukrainischem Getreide abhängig sind. Auch der Bedarf an Trinkwasser steigt ständig, zumal die Region traditionell an Wassermangel leidet. Der Assuan-Staudamm konnte das Problem der Bewässerung für die Landwirtschaft in Ägypten zwar lösen, allerdings ist die Frage, ob in Zeiten der globalen Erwärmung und der damit verbundenen Trockenheit nicht noch viel weitreichendere Maßnahmen getroffen werden müssen.

Das andere Problem besteht darin, dass die arabischen Gesellschaften anders als bei uns immer jünger werden. Während in unserer Gesellschaft immer weniger junge Leute die Versorgung von immer mehr älteren Menschen sichern müssen, ist es in den arabischen Ländern umgekehrt: Dort braucht der große Anteil an jungen Menschen eine Zukunftsperspektive, muss sich also durch Arbeit seine eigene Existenz sichern können. Diese Möglichkeiten sind jedoch in vielen Ländern begrenzt, was zu einer hohen Arbeitslosigkeit speziell junger Menschen führt. Diese Situation schafft eine starke Unzufriedenheit, weshalb demographisch junge Gesellschaften als besonders instabil gelten.

Ein Land, das keine neuen Arbeitsplätze schaffen kann, mag versucht sein, die jungen Leute dazu zu bringen, das eigene Land zu verlassen, damit sie anderswo einen entsprechenden beruflichen Weg einschlagen. Solange diese jungen Leute gut ausgebildet sind oder zumindest die Bereitschaft zeigen, sich im Gastland gut ausbilden zu lassen, kann sich das Ganze für beide Seiten lohnen: Die Herkunftsgesellschaft wird entlastet, während die Aufnahmegesellschaft die eigene demographische Struktur verbessern kann. Allerdings sind damit auch zwei Risiken verbunden: Zum einen besteht die Gefahr des Braindrain, da junge begabte Menschen, die ihre Talente in einer anderen Gesellschaft einbringen, der eigenen nicht mehr zur Verfügung stehen, sodass im Ursprungsland im Extremfall nur noch diejenigen bleiben, die der eigenen Gesellschaft weniger nützen. Zum anderen besteht die Gefahr, dass diejenigen ins Ausland gelockt werden, die intellektuell oder mental nicht in der Lage sind, sich den neuen Erfordernissen anzupassen, und deswegen bereits in der Heimat gescheitert sind. Ihr Fortgehen würde zwar der eigenen Gesellschaft eine gewisse Erleichterung versschaffen, allerdings würden sie das Leben ihrer Landsleute im Ausland erschweren, sofern diese für das Versagen dieser jungen Menschen in Haftung genommen würden.

Insofern stehen beide Seiten, sowohl die Herkunfts- als auch die Aufnahmeländer, vor der paradoxen Situation, dass sie gleichzeitig von Migration profitieren und darunter leiden. Eine Lösung kann letztlich nur in einer umsichtigen Einwanderungspolitik liegen, die beispielsweise denjenigen, die in ihrem Herkunftsland wenig Chancen haben, die Möglichkeit einer Ausbildung im Ausland bietet, allerdings auch Anreize schafft, nach dem Ende der Ausbildung die erworbene Qualifikation in der alten Heimat anzuwenden. Im Gegenzug müssen die Herkunftsländer die Bereitschaft zeigen, Personen, deren Integration in eine fremde Gesellschaft misslungen ist, wieder zurückzunehmen. Das hört sich schon in der Theorie sehr schwierig an, in der Praxis scheint eine entsprechende

Umsetzung fast unmöglich, vor allem dann, wenn sie gerecht sein soll.

Ein anderes Problem, das teilweise mit der Migration junger Leute zusammenhängt, ist das des globalen islamistischen Terrorismus, der häufig, aber nicht immer, von Menschen ausgeht, die einen nahöstlichen Hintergrund haben: Da neben anderen muslimischen Richtungen der Westen als Hauptfeind angesehen wird, gibt es in den letzten zwanzig Jahren verstärkt Versuche, Anschläge auch in Europa und Nordamerika zu verüben. Dieser Terrorismus, der im Nahen Osten in weiten Teilen etabliert ist, ist davon abhängig, Leute zu finden, die es als Muslim*innen in der westlichen Welt schwer haben. Damit sind sie für eine entsprechende Radikalisierung offener und erklären sich leichter dazu bereit, Verbrechen gegen andere Menschen zu begehen. Um gegen diese Rekrutierungen vorzugehen, müssen zum einen die Hintermänner terroristischer Gruppierungen unschädlich gemacht werden, um die entsprechenden Organisationen zu zerschlagen. Zum anderen bedarf es weiterer Integrationsmaßnahmen, um ein Abgleiten von muslimischen Migrant*innen in die Radikalität zu verhindern.

Bis heute setzt sich Deutschland, obschon es sich mittlerweile als Einwanderungsland betrachtet, unzureichend mit der Frage auseinander, wie eine durch Migration geprägte Gesellschaft gestaltet werden kann. Dazu fehlt eine ehrliche Diskussion der Chancen und Risiken von Einwanderung, die bislang einerseits von Klischees und Vorurteilen geprägt ist, andererseits von der Angst, den Vertreter*innenn dieser Klischees und Vorurteile das Feld zu überlassen. Wir müssen uns an die Tatsache gewöhnen, dass wir im Fall einer Einwanderung von Menschen aus dem Nahen Osten auch deren Konflikte importieren. Nur so können wir Wege finden, diese Konflikte zu kanalisieren und langfristig ihre Auswirkungen im eigenen Land abzubauen.

Die Frage, wie man den Terrorismus besiegen kann, ist allerdings schwerer zu beantworten. Oft hört man die Forderung, Terrorismus durch die Verbesserung der wirtschaftlichen Situation auszutrocknen. Es ist zwar niemals falsch, Menschen dabei zu helfen, der Armut zu entkommen. Ob sich aber Terrorismus aus Armut speist, kann mit Blick auf den Islamismus doch eher bezweifelt werden. Wenn man beispielsweise die Terroristen betrachtet, die am 11. September 2001 die Anschläge in den USA verübten, so stellt man fest, dass weder ihre Herkunft noch ihre Motivation von Armut geprägt war. Im Hintergrund steht vielmehr ein ideologischer Streit beziehungsweise ein Gefühl der Unterlegenheit, das sich in der islamischen Welt breitgemacht hat. Im Grunde genommen geht es um die Frage, warum die Muslim*innen, wenn sie doch laut ihrem Glauben die einzigen sind, die Gottes Willen befolgen, dermaßen machtlos in der Welt sind.

Gesteigert wird diese Unzufriedenheit durch das Wissen um die Geschichte: Nachdem im Mittelalter die islamischen Gebiete Stätten der Hochkultur und des Fortschrittes waren, sind sie heute in weiten Teilen das, was man im Westen lange Zeit als »Dritte Welt« bezeichnete, also Gebiete, die im Inneren durch Armut und scheinbare Rückständigkeit geprägt sind, während sie außenpolitisch anderen Mächten als Spielball dienen. Dieses Gefühl wird dadurch, dass die westliche Welt unter Führung der USA den Irak und Afghanistan besetzte, um den islamistischen Terror zu bekämpfen, noch gesteigert. Letztlich konnte der Westen zwar mit diesen Aktionen gewisse Erfolge verbuchen, hat aber die Probleme vor Ort eher verschärft. Eine wirkliche Lösung für dieses Problem kann ich an dieser Stelle nicht bieten, letztlich ist es an den Menschen im Nahen Osten selbst, eine solche zu finden.

In Bezug auf den palästinensischen Terrorismus spielt die wirtschaftliche Situation im Nahen Osten durchaus eine Rolle. Zwar stellt der Terrorismus keineswegs eine Reaktion auf soziale Ungerechtigkeit dar, allerdings stammt ein Großteil der Selbstmordattentäter aus Familien, die in sehr prekären Verhältnissen leben. Indem Terroristen von Seiten der palästinensischen Gruppierungen, aber auch von den palästinensischen Behörden eine Art Rente in Aussicht gestellt wird, werden junge Menschen, die ansonsten über keine Perspektiven verfügen, unter Druck gesetzt, durch ein solches Attentat ihre Familie zu unterstützen. Ein Austrocknen solcher Geldquellen würde zwar nicht die Hintermänner des Terrorismus treffen, aber eine praktische Umsetzung terroristischer Aktivitäten erschweren.

Dasselbe gilt für die Terrorakte des Islamischen Staats und ähnlicher Gruppierungen: In ihren Diensten stehen Abgehängte, die in der westlichen Welt nicht zurechtkommen und deswegen offener für eine Radikalisierung im islamistischen Sinne sind. Auch diese Gefahr könnten bessere Integrationsbemühungen der jeweiligen Staaten vermindern.

In der Türkei und im Iran ist es an der einheimischen Bevölkerung, sich für eine Veränderung einzusetzen: Allerdings hat der Sieg Erdoğans bei den Präsidentschaftswahlen am 14. und 28. Mai 2023 gezeigt, dass er sich vor allem auf die Türk*innen im Ausland, speziell in Deutschland, verlassen konnte, die bei einem knappen Ergebnis das Zünglein an der Waage bildeten, zumal sie nicht von der desaströsen Wirtschaftspolitik der türkischen Regierung betroffen waren. Somit kann der Abbau demokratischer Strukturen in der Türkei weitergehen. Was den

Iran betrifft, so ist dort ein Wechsel durch Wahlen nicht zu erwarten, da der mögliche Kandidatenkreis durch die Institutionen der Islamischen Republik dermaßen eingeschränkt wird, dass die Bevölkerung lediglich die Möglichkeit hat, darüber abzustimmen, ob die Politik durch einen Hardliner oder einen gemäßigten Vertreter derselben Richtung gestaltet wird.

Ein Wandel, der von den herrschenden Eliten ausgelöst wird, erscheint eher unwahrscheinlich, da Reformen den eigenen Machtanspruch gefährden könnten. Allerdings wird die Unzufriedenheit der Bevölkerung mit den derzeitigen Zuständen immer wieder sichtbar, so auch in den letzten beiden Jahren: Mitte September 2022 wurde eine junge Frau, Jina Mahsa Amini, von der sogenannten Sittenpolizei verhaftet, weil ihr Haar nicht vorschriftsgemäß bedeckt gewesen sei. Im polizeilichen Gewahrsam ist diese Frau zu Tode gekommen, was zu Protestkundgebungen im ganzen Land führte. Der Staat reagierte mit Gewalt auf diese Demonstrationen, während der Kundgebungen wurden über 500 Menschen durch Ordnungskräfte getötet, mindestens 100 Protestierende wurden zum Tode verurteilt und mehrere bereits hingerichtet. Trotzdem gelang es bislang nicht, die Proteste endgültig zu unterdrücken. Ob sie die politische Situation verändern werden, ist im Augenblick nicht absehbar, allerdings zeigt sich deutlich, dass im Iran eine junge Generation heranwächst, die die bisherigen Regeln immer kritischer hinterfragt und sich gegen den Machtmissbrauch der Herrschenden wehrt. Zugleich wurden 2023 insgesamt mehr Menschen hingerichtet als in den vorherigen Jahren, natürlich nicht alle im Zusammenhang mit den Demonstrationen, aber die Nervosität des Regimes ist deutlich zu spüren.

Aber wie wird der Nahe Osten in fünf, zehn oder zwanzig Jahren aussehen? Eine ehrliche Antwort darauf lautet wohl am ehesten, dass man es nicht weiß. In der Vergangenheit hat es immer wieder solche Prognosen gegeben, aber viele davon waren mangels Berücksichtigung aller Faktoren zum Scheitern verurteilt. In den 1970er Jahren gingen viele Forscher davon aus, dass sich die arabische Welt noch stärker hin zum Marxismus-Leninismus entwickeln würde, sich also das linksrevolutionäre Potential entfalten könnte. Den Islam mit seinem ebenfalls vorhandenen revolutionären Potential hatte man dabei nicht berücksichtigt. Als sich der Iran in eine islamische Republik verwandelte, bezweifelte man im Allgemeinen, dass diese Staatsform dermaßen langlebig und stabil sein würde. Zum israelisch-palästinensischen Konflikt war vor dem Oslo-Abkommen nicht selten zu lesen, dass ein solches Abkommen von Seiten der arabischen Staaten nicht gewünscht sei, da ein palästinensisches Gemeinwesen dem Beispiel Israels folgen und sich zu einer Demokratie entwickeln würde, was wiederum die anderen Regime schwächen werde. Auch das ist nicht eingetroffen: Die palästinensischen Eliten lehnen in der Regel eine demokratische Herrschaftskontrolle genauso ab wie die anderen arabischen Machthaber.

An diesen Beispielen zeigt sich die mangelnde Verlässlichkeit von Prognosen im Allgemeinen. Da hat es der Historiker einfacher: Er analysiert die Vergangenheit und kann sie anhand der Faktoren erklären, die sich im Rückblick als die entscheidenden herausgestellt haben. Natürlich wird auch eine solche Analyse nicht immer von allen akzeptiert, aber die Unwägbarkeit ist deutlich geringer als bei einer Prognose. Im Augenblick besteht nicht allzu viel Grund für Optimismus, allerdings halte ich es trotzdem für sinnvoll, mit einem Ausspruch von David Ben-Gurion zu schließen: »Wer nicht an Wunder glaubt, ist kein Realist.«

Lektüretipps

Amiri, Natalie: Zwischen den Welten: Von Macht und Ohnmacht im Iran. Berlin ^{2}2022.

Asseburg, Muriel / Busse, Jan: Der Nahostkonflikt. Geschichte, Positionen, Perspektiven. München ^{5}2023.

Asseburg, Muriel: Palästina und die Palästinenser. Eine Geschichte von der Nakba bis zur Gegenwart. München ^{2}2022.

Böhme, Jörn / Sterzing, Christian: Kleine Geschichte des israelisch-palästinensischen Konflikts. Schwalbach ^{9}2022.

Flug, Noah / Schäuble, Martin: Die Geschichte der Israelis und Palästinenser. München/Wien ^{4}2016.

Gronke, Monika: Geschichte Irans. Von der Islamisierung bis zur Gegenwart. München ^{5}2013.

Hafner, Georg M. / Schapira, Esther: Israel ist an allem schuld. Warum der Judenstaat so gehasst wird. Köln ^{3}2015.

Herz, Dietmar / Steets, Julia: Palästina. Gaza und Westbank. Geschichte, Politik, Kultur. München ^{6}2019.

Johannsen, Margret: Der Nahost-Konflikt. Eine Einführung. Wiesbaden ^{5}2023.

Krämer, Gudrun: Geschichte Palästinas. Von der osmanischen Eroberung bis zur Gründung Israels. München ^{6}2023.

Kreiser, Klaus / Neumann, Christoph K.: Geschichte des Osmanischen Reichs und der modernen Türkei. Ditzingen ^{3}2020.

Reinkowski, Maurus: Geschichte der Türkei. Von Atatürk bis zur Gegenwart. München 2021.

Schäuble, Martin: Die Geschichte der Israelis und der Palästinenser. Der Nahost-Konflikt aus Sicht derer, die ihn erleben. München ^{2}2024

Schliwski, Carsten: Geschichte des Staates Israel. Ditzingen ^{5}2023.

Steinbach, Udo: Tradition und Erneuerung im Ringen um die Zukunft. Der Nahe Osten seit 1906. Stuttgart 2021.

Steininger, Rolf: Der Nahostkonflikt. München / Frankfurt a. M. 2012.

Strohmeier, Martin / Yalçın-Heckmann, Lale: Die Kurden. Geschichte, Politik, Kultur. München ^{5}2017.

Viehweger, Dieter: Streit um das Heilige Land. Was jeder vom israelisch-palästinensischen Konflikt wissen sollte. Gütersloh ^{8}2023.

Wolffsohn, Michael: Wem gehört das Heilige Land? Die Wurzeln des Streits zwischen Juden und Arabern. München/Zürich ^{16}2011.

– / Grill, Tobias: Israel. Geschichte, Politik, Gesellschaft, Wirtschaft. Opladen/Berlin/Toronto ^{8}2016.

Zadoff, Noam: Geschichte Israels. Von der Staatsgründung bis zur Gegenwart. München ^{2}2023.